U0917359

革命时期的纪律故事系列

抗战时期的纪律故事

徐　嘉◎编著

中国方正出版社

前　言

1931 年 9 月 18 日，日本帝国主义制造九一八事变，发动了武装侵略中国东北的战争。中国全国性的抗日救亡运动迅速兴起。中共中央多次发表宣言、作出决议，号召工农红军和被压迫民众团结起来抗战，驱逐外寇出中国。1937 年 7 月 7 日，日本帝国主义以制造卢沟桥事变为起点，发动了全面侵华战争。9 月，以第二次国共合作为基础的抗日民族统一战线正式形成后，中国共产党领导开辟的敌后战场和国民党指挥的正面战场协力合作，形成了共同抗击日本侵略者的战略局面。中华民族的抗日战争一直持续到 1945 年 9 月，以中国人民取得完全胜利而结束。

中国共产党作为中国抗日战争的中流砥柱，是民族解放战争获取完全胜利的首要条件。对此，习近平总书记曾深刻指出："中国共产党人以自己的政治主张、坚定意志、模范行动，支撑起全民族救亡图存的希望，引领着夺取战争胜利的正确方向，成为夺取战争胜利的民族先锋。"战争中，中国共产党领导人民，坚持独立自主的抗日游击战争，及时而大胆地向敌占区进军，放手发动群众，建立抗日根据地，开辟了广大的敌后战场。陕甘宁边区成为全国抗日战争的领导中心之一，中国共产党成为取得抗战胜利的领导力量，为近百年来中国人民第一次取得民族解放战争的完全胜利作出了重要贡献。

中国共产党之所以能够在抗日战争胜利的斗争中起决定性作用，是由于到这一时期，党的状况已经发生了根本变化。这一时期，中共中央政治局通过《中共中央关于增强党性的决定》，要求全党加强纪律教育，用自我批评的武器、加强学习的方法来改造自己、坚定党性。延安整风是中国共产党人党性教育的成功案例。通过整风，广大党员真正从思想上入了党，形成一股坚不可摧、勇往直前的党性力量，推动党不断走向成熟和强大。在中国革命的特殊性、艰巨性和复杂性更为凸显的情况下，对党的纪律的坚守，则是增强党性力量的根本保障。

这一时期，我们党把纪律建设摆在各项工作的首要位置，首次提出了"四个服从"（即个人服从组织、少数服从多数、下级服从上级、全党服从中央）的基本原则。正因为强调党员对党的绝对服从，我们党才会严肃处理张国焘的叛逃行为和王明不经党中央同意擅自以党中央名义对外发布宣言、意见的错误，才会开除不服从组织决定、不愿意在艰苦困难地方工作的新党员刘力功。只有严肃处理此类违纪行为，我们党才能使全体党员心往一处想、劲往一处使，坚决服从党中央权威，形成能够领导全国抗战的强大合力。

这一时期，我们党开始意识到纪律建设中建章立制的重要性以及刚性约束、强制推动的重要意义。1938 年党的六届六中全会通过《关于中央委员会工作规则与纪律的决定》《关于各级党部工作规则与纪律的决定》等文件，重申了党的政治纪律和组织纪律。其目的，在于“统一各级领导机关的行动，并使之成为全党的模范”。无论是刚入党的新党员，还是立下赫赫战功的老党员，抑或是党的高级领导干部，都必须严格遵守，不能指望法外施恩。因此，在本书收录的故事中，可以看到毛泽东、贺龙、罗荣桓、谭震林、王震等高级领导干部，都自觉遵守并模范践行党的纪律，将其作为责任、习惯和本分。相反，逼婚未遂开枪杀人的 26 岁“老革命”黄克功、贪污腐败的红军“英雄”肖玉璧，尽管战功赫赫，仍旧被依纪依规严肃处理。

这一时期，党的纪律建设不仅体现在要求党员思想上政治上与党中央保持一致，而且体现在对党员平时一言一行的约束中。每个党员的日常言行，是检验党员是否守纪的最直接、最显著的切入点。本书中的许多故事，都生动体现了一名共产党员是怎样“在实际行动和日常生活的每个具体问题上，表示出自己是坚决地遵守党的铁的纪律的模范”。例如，遵照党的指示打入敌人内部、忍辱负重做“汉奸”的崔显堂；在艰苦险恶的环境中坚持给基层党员上党课的蒋忠；宁愿吃馊饭也不忍摘群众香瓜的抗联战士；带着“万贯”革命钱财却一路乞讨的刘启耀……正是有了无数个像他们一样严格约束自己一言一行的党员，全党才能“团结得如像一个人一样的程度”。

习近平总书记指出：“历史是最好的教科书”“对我们共产党人来说，中国革命历史是最好的营养剂”。回望全民族抗日战争时期战火纷飞的岁月，英雄先烈们为革命事业建立了卓越功勋，也为我们留下了许多精神财富和宝贵经验。本书在丰富浩瀚的党史、军史资源中，收集、整理了 20 余例英雄先辈坚定信念、严守党纪的故事，就是希望能为发扬红色精神、传承红色基因，贡献绵薄之力。

目录

政治纪律

杨靖宇落实“一二六”指示信精神

中国的抗日战争，经历了由局部抗战到全国抗战的过程。局部抗战是九一八事变后从东北地区开始的。1932 年起，党

九一八历史博物馆

在东北三省先后组织了十余支抗日游击队，同日寇进行艰苦卓绝的斗争。抗日名将杨靖宇，就是在这个时候受党组织派遣，深入南满，开展抗日斗争。

一、学习“一二六”指示信精神

1932年11月，杨靖宇以中共满洲省委特派员的身份，来到南满的磐石等地巡视工作。

到磐石后，杨靖宇很快发现，当地党组织磐石中心县委和南满游击队受“左”的错误干扰严重，没有认识到中日民族矛盾已经上升为主要矛盾，不能团结一切抗日力量共同抗日。因此，部队屡遭挫折，士气低落，队伍内思想混乱。通过杨靖宇的努力，1933年1月至5月，游击队的处境得到一定的改善，但始终没有找到解决问题的根本方法。

1933年5月中旬，杨靖宇接到中共满洲省委命令，回到哈尔滨参加政治学习。到哈尔滨后，杨靖宇首先向省委提交了《关于磐石游击队和党团工作情况报告》。随后，省委向他传达了“一二六”指示信和省委关于接受这一指示的决议。“一二六”指示信即1933年1月26日党中央发出的《中共中央给满洲各级党部及全体党员的信——论满洲的状况和我们党的任务》。在“一二六”指示信中，党中央分析了东北的政治、经济和阶级斗争形势，阐述了东北反日游击运动的性质和前途，指出党在东北的“总策略方针”应是：

中共满洲省委旧址纪念馆（刘少奇故居纪念馆）

“尽可能的造成全民族的（计算到特殊的环境）反帝统一战线，来聚集和联合一切可能的，虽然是不可靠的动摇的力量，共同的与共同敌人——日本帝国主义及其走狗斗争。”这就意味着中央要求满洲省委改变之前在东北开展阶级斗争，没收地主土地的政策，将工作重心转移到组织全民族的抗日统一战线上来。

此后一段时间，杨靖宇在省委机关结合自身工作实际，认真深入学习“一二六”指示信精神，收获很大。他从南满游击队的反日运动中认识到，虽然 1933 年 1 月以来部队面貌大有改观，但思想上仍受到“北方会议”（制定了“左”倾冒险主义和关门主义错误政策）精神的影响，不顾日本侵略者已成为全民族共同敌人的现实，一味强调打土豪分浮财，一味强调没收一切地主土地，致使“左”倾关门主义错误严重影响了游击运动的开展。部队人数始终徘徊在 100 多人，活动区域仅限于磐石、伊通两县，没能做到团结更多的义勇军一道同日寇作战，这种状况远远落后于客观形势的需要，落后于人民群众的期望。

杨靖宇深深认识到，造成这一困境的重要原因，在于磐石中心县委和南满游击队对山林队的认识还停留在九一八事变之前的认识，没有看到日寇侵略东北之后山林队的转变，已经不像从前由无业游民、流氓组成，专事劫掠，而是有许多工农分子参加进来的抗日组织，带有反抗日伪、保家卫国的性质。在此情况下，游击队与山林队的尖锐对立，必然导致党领导下的抗日队伍缺少朋友和帮手。

经过学习，杨靖宇充分认识到中央“一二六”指示信的必要性和重要性，决心回到南满后，带领大家团结反日义勇军、山林队和爱国地主武装，建立起广泛的反日统一战线。

二、团结联合一切抗日力量

1933 年 6 月上旬，杨靖宇回到磐石后，首先同磐石中心县委和游击队其他领导同志认真学习领会中央“一二六”指示信精神，以及满洲省委关于“运用反日民族统一战线策略联合一切反日武装力量反对共同的敌人——日本帝国主义，并夺取其群众到党的领导之下”的指示精神。随后，他立即采取各项举措，广泛团结、联合在磐石等地活动的反日义勇军、山林队等，与其建立统一战线。

当时，在磐石活动的反日义勇军、山林队主要有：活动在西南部的“老常青”及其下属的“青林”“大伦子”等队伍；还有“朱司令”及其下属的“云中飞”“爱国”“保国”等队伍。在中部活动的有“双胜”“西省”“四海”等队伍。在北部活动的则是“毛团”“天虎”“磐石好”等队伍。他们人数多寡不一，信仰主张各不相同，政治上缺乏联合，军事上各自为战。他们内部组成成分、对群众态度、对抗日认识也各不相同——有的以农民为主，有的为东北军余部；有的纪律较好，有的对群众态度比较恶

杨靖宇雕像

劣；有的抗日坚决，有的处于动摇状态。总之，局面十分复杂。

面对复杂局面，杨靖宇决定主动作为，积极团结正在被日伪军“讨伐”的反日义勇军、山林队。他根据中央“一二六”指示信精神，通过书信、发传单、派出联络员等方式，使各支反日义勇军、山林队知晓党的政策，同时进一步做好援助等工作。

当时，一些群众见杨靖宇经常同反日义勇军、山林队的首领见面、会谈，十分不理解，便提出质疑。对此，杨靖宇十分耐心地向群众开展宣传解释工作，指出在大敌当前的情况下，只有争取、改造、利用这些武装，才能壮大抗日力量，打败侵略者。经过他和其他同志的不懈努力，党的反日统一战线政策逐渐深入人心，得到群众的热烈拥护。

游击战士中也有许多人不理解党的反日统一战线政策。当时，“马团”“赵团”两支义勇军被日伪军包围，数次突围皆失败，情况十分危险。杨靖宇闻讯后，决定率队帮助其突围。许多战士曾与“马团”“赵团”打过仗、结过怨，因此思想上有疙瘩。对此，杨靖宇表示：“我们不能顾念旧怨，要以大局为重，救出马、赵二团，就是给抗日事业增加一份力量。”于是，他率部偷袭日伪军后方，使敌人陷入混乱，“马团”“赵团”趁机突围。事后，“马团”“赵团”首领找到杨靖宇，感慨道：“我非常惭愧，过去很对不起你们。这一回我算是知道了谁是我们的朋友，以后我们如果再有三心二意，对不起磐石父老，天理良心不容。”杨靖宇对他们说：“过去的事情，就不要提啦，只要我们能够紧紧地依靠群众，团结起来，枪口一致对外，胜利终归是我们的！”

对于一些抗日立场反复动摇的山林队，杨靖宇则充分发挥政治智慧，宣传抗日救国道理，使其向我党靠拢。“毛团”曾多次与伪军一起围攻抗日部队，后来又多次哗变反对日伪军。一次，他们与游击队相遇，十分担心被游击队缴械。对此，杨靖宇单枪匹马，亲自走到“毛团”士兵当中，宣传抗日救国道理，表示希望双方团结对外，并说：“假使你们不是哗变反日，今天一定要缴你们的械。”“毛团”士兵听了，纷纷称赞共产党“不记私仇，是真正反日的”。后来，杨靖宇趁热打铁，派人与“毛团”商量联合事宜，解除了他们的顾虑，最终实现了双方的和解与联合。

三、南满抗日斗争呈现新局面

南满游击队与“马团”“赵团”“毛团”的联合，对其他反日义勇军、山林队产生了很大影响。1933 年 6 月下旬开始，日伪军派出大量兵力，进攻在南满的包括杨靖宇领导的游击队在内的抗日武装。在反击敌人进攻的斗争中，杨靖宇领导南满游击队，团结带领反日义勇军“毛团”“殿臣”“马团”“赵团”“孙团”“韩团”等部队，避开敌人主力，

杨靖宇殉国地

寻找敌人薄弱处主动出击，连续发起数次较大规模战斗，取得了多次胜利。

7 月 12 日，杨靖宇率南满游击队、“毛团”等部队组成的联合军千余人进攻伊通县营子镇，一度占领该镇，俘虏伪警察 6 人，伤敌 2 人。7 月 18 日夜，杨靖宇又率领南满游击队和“马团”，斩断敌人在吉林的重要交通线——吉海线。7 月 20 日，杨靖宇联合反日义勇军共 1500 余人，进攻八道河子、横道河子两镇（今属桦甸县），消灭反动地主武装，迫使伪军一个连倒戈哗变，缴获大批马匹、衣物。

在共同浴血奋战的过程中，各支反日义勇军、山林队被中国共产党的军事指挥能力和合作诚意所打动，逐渐团结在南满游击队周围，并要求实现组织上的联合。为此，1933 年 7 月下旬，杨靖宇在桦甸主持举行南满反日军联合参谋部成立大会，南满游击队等十余支抗日武装的领导人及各部官兵千余人参加大会。大会决定成立联合军参谋部，设政治委员一人，由杨靖宇出任。

联合军参谋部成立后，在杨靖宇的领导下，南满游击队又陆续与许多反日义勇军建立上层统一战线，不断增加军事实力，扩大政治影响力，使得以南满游击队为核心的抗日武装达到三四千人之众。这些抗日义勇军过去曾有一些抢掠群众、扰民害民行为，引起群众的强烈不满。通过与游击队的并肩作战，他们看到游击队军纪严明，坚决抗日，爱护群众，深受农民拥护爱戴，也逐渐开始了军纪上的转变，以取得农民的信任。在此基础上，杨靖宇带领南满游击队和反日义勇军，又开展了数次较大规模的军事行动，取得一个又一个胜利。南满抗日游击战争逐渐呈现出崭新的斗争局面，南满大地的抗日烈火熊熊燃烧起来了。

资料来源：

1. 中共中央党史研究室著：《中国共产党历史》（第一卷）（上册），中共党史出版社 2011 年版。

2. 赵俊清著：《杨靖宇传》，黑龙江人民出版社 1994 年版。

3. 孙践著：《抗日民族英雄杨靖宇传奇》，解放军出版社 2002 年版。

4. 中共吉林省委党史研究室编著：《杨靖宇将军》，吉林人民出版社 2005 年版。

坚持独立自主立场与国民党展开和谈

1936 年 12 月爆发的西安事变的和平解决，迫使蒋介石接受了停止内战、联共抗日等 6 项条件，为第二次国共合作奠定了基础。1937 年 2 月中旬至 7 月中旬，中国共产党代表周恩来、秦邦宪（博古）、叶剑英、林伯渠等与国民党代表，先后在西安、杭州、庐山进行了多次关于国共两党合作抗日的谈判。但因国民党方面坚持取消共产党组织上的独立性，取消红军，取消革命根据地的主

西安事变纪念馆

张，双方没有达成协议。

1937年7月7日，震惊中外的七七事变爆发。次日，中共中央发布通电号召全中国军民团结起来，抵抗日本的侵略。7月15日，中共中央将《中国共产党为公布国共合作宣言》送交蒋介石，宣言提出发动全民族抗战、实行民主政治和改善人民生活等三项基本要求，重申中共为实现国共合作的四项保证。17日，中共代表周恩来等在庐山与蒋介石继续谈判。

卢沟桥

一、琼崖特委初次与国民党当局谈判

根据中共中央关于建立抗日民族统一战线的方针政策和指示，1937年7月，中共琼崖特委书记冯白驹致函琼崖国民党当局，提出琼崖国共两党应以民族利益为重，停止内战、团结抗日的主张；表示在团结抗日的前提下，愿意将琼崖红军改编，以致力于抗日救国保卫琼崖的事业；建议双方派出代表进行谈判；要求国民党当局对此在报纸上公开答复，接受琼崖特委派出代表与其谈判。

周恩来在庐山与国民党谈判时的居所

不久，琼崖国民党当局在《琼崖民国日报》上发表声明，表示同意冯白驹和特委提出的谈判要求。1937 年 8 月，琼崖特委派出乐万县委书记黎民，前往府城同国民党当局谈判。临出发前，冯白驹再三叮嘱黎民，在同琼崖国民党当局谈判时，要遵守党的政治纪律，既表明和谈的诚意，又坚持独立自主的原则。黎民欣然接受任务，同时又提出了自己的疑虑：“我没有跟国民党谈判的经验，假如他们问我们还有多少部队时，我该怎么回答？另外，我不会讲粤语，会不会有沟通的麻烦？”冯白驹耐心地宽慰说：“你放心去谈，语言方面我们会有翻译的同志。”

虽然中共琼崖特委为了抗日大局，表现出了极大的合作诚意，但是国民党当局并没有合作抗日的诚意，只派一五二师政训处主任林序东出来应付，与黎民谈判。

第一轮谈判开始，黎民首先表明琼崖特委坚决贯彻中共中央关于停止内战、一致对外方针的决心，表明琼崖特委及其领导的军队积极要求参加抗日卫国的殷切希望，并列出了琼崖特委关于改编琼崖红军的条件：一是国民党当局必须停止进攻红军，停止逮捕共产党人；二是红军改编成为抗日救国的部队；三是红军改编后，保持其完整性和独立性，不同国民党军队混编；四是红军改编后，有单独的防区，不同国民党军队混驻一地；五是红军改编后，当局要视同国民党军队一样发饷、发粮、发被服和各种军需物品；六是红军改编后，要补足枪支弹药和各种武器装备；七是红军是琼崖人民的子弟兵，在海南岛抗击日寇的侵略，卫国保家，当局不得以任何借口将其调离海南岛。

琼崖特委提出的七个和谈条件，完全是着眼于在保持独立自主基础上的团结抗日。然而，琼崖国民党当局在谈判中却表现出别有用心的企图。林序东反复问黎民：“你们有多少人？是集中还是分散？”黎民遵从冯白驹的指示，从容回答：“共有三四百人，有时集中，平时分散在各县”。就这样，琼崖地区国共双方的第一轮谈判，因为国民党方面的敷衍应付，草草结束了。

第二轮谈判一开始后，林序东首先便无理地要求黎民转告冯白驹，先把游击队带到府城，待国民党方面查清游击队的人员及枪支数量后，才能具体谈条件。林序东蛮横地表示：“我把你们的愿望和提出的条件向我们师长报告了，师长说，你们的愿望是好的，但要冯白驹先把你们的队伍带出来，知道你们有多少人、情况如何，才能谈条件。”

黎民当即对林序东可笑的傲慢表示嗤之以鼻，他代表琼崖特委严正声明：要先谈妥条件，双方签订协议，红军才能出来改编。双方激烈争辩了整个上午，林序东仍旧顽固坚持其无理要求。黎民在据理力争未果后，认为很难继续再谈下去，便郑重地说：“要先谈妥条件，双方签订协议，我们有了安全保证，我军才能集中起来接受改编。这一点，我们是决不会让步的！”他顿了顿，接着说：“我看我们就先谈到这里，我回去后将这两次谈判的经过情况，向上级汇报。以后我们再谈。”

结束谈判后，黎民立即回到琼崖特委驻地，向冯白驹详细汇报了两轮谈判的经过，并提醒道：“国民党如此傲慢无理，这是在藐视我们，不把我们当作政治和军事力量。林序东在谈判的时候，对我们提出的条件避而不谈，而是要我们把部队带出来，这是居心叵测，说明他们没有诚意，而是准备搞一些小动作。因此我认为，目前同国民党当局谈判不会有什么结果，便暂时停止了谈判。”

听完黎民的汇报，冯白驹召集特委成员分析研究对策。冯白驹提出：“建立以国共两党合作为基础的抗日民族统一战线，抗击日本帝国主义的侵略，是中央的指示，是中华民族的大局，也是大势所趋，不管琼崖国民党当局有无两党合作抗日的诚意，谈判还是要继续下去。但是，我们在谈判中也一定要坚持不谈好改编条件、签订协议，就不带部队下山这个原则，警惕国民党琼崖当局趁机吃掉红军，这也是中央再三强调的。另外，在谈判的同时，我们还要组织各县委收集枪支，动员地方武装中的青年参加红军游击队，迅速扩充红军游击队实力，争取主动权，为谈判成功做好准备。”冯白驹的意见，得到特委全体成员的一致赞同，很快形成了正式的决议。

冯白驹将特委的指示传达给黎民，并让他继续去与国民党当局谈判。在第三轮谈判中，林序东仍旧强硬地提出要游击队先出来，然后再谈和谈条件。黎民对此坚决表示拒绝，并表明琼崖特委的一贯态度：一是琼崖特委对贯彻中共中央关于停止内战、一致对外的方针政策是坚定不移的，对建立抗日民族统一战线，国共两党合作抗日是真诚的；二是必须先谈妥改编条件，双方签订协议，琼崖红军才能同意改编；三是为了国家与民族的利益，特委愿意和当局继续谈判，当局什么时候改变无理要求，郑重其事、诚心实意地谈判，特委就什么时候来，随时等候通知。在这样的情况下，双方僵持不下，谈判仍旧毫无进展。

二、冯白驹被捕

就在双方僵持不下时，发生了冯白驹意外被捕的事件。1937 年 9 月，冯白驹为了及时掌握谈判的情况，指导好谈判工作，从特委驻地琼山县演丰乡来到塔市乡，在当地党组织安排下，同妻子曾惠予住进了一位大娘家里。这位大娘有两个女儿，都是共产党员。长女的丈夫是个游手好闲的男人，因此夫妻不和、感情破裂，长女便在娘家生活。恰在冯白驹二人住进大娘家时，大娘长女的丈夫也前来寻妻，见了冯白驹，便起了疑心，他跑到塔市乡公所找来几名团丁，跑到大娘家里前来抓人。就这样，冯白驹和曾惠予在睡梦中被团丁逮捕。团丁中有人认出了冯白驹，知道他是琼崖共产党的领导，便将冯白驹夫妇交给了琼崖国民党当局。国民党当局“如获至宝”，以为手里有了冯白驹夫妇，便可为所欲为，迫使琼崖特委让步，以获得谈判桌上得不到的东西。

冯白驹不幸被捕后，琼崖特委千方百计地开展营救工作。他们一方面迅速将冯白驹被捕的真相公之于众，争取社会舆论，揭露琼崖国民党当局不顾民族利益，破坏国共谈判的阴谋；一方面正在谈判的黎民与琼崖国民党当局交涉，严正要求立即无条件释放冯白驹。此外，为了保障冯白驹夫妇的安全，

中共海口市工委和狱中党支部也积极行动，与国民党当局进行坚决斗争。

在国民党的监狱里，冯白驹终日带着沉重的脚镣，但他面对琼崖国民党当局的软硬兼施和威逼利诱，却毫不动摇。琼崖国民党当局为了达到劝降目的，甚至威逼冯白驹的中学校长王政和其他老师前来“陪审”，企图以校长、老师的名义劝冯白驹向国民党当局“悔过自新”，把游击队带下山，交出武器，以换取国民党的一官半职。然而被迫参加“陪审”的校长、老师们为人正直，同情、理解、支持冯白驹所从事的革命事业，在“审讯”中一言不发，以示抗议。国民党当局无奈，只好露出狰狞的面孔，叫嚣着：“冯白驹你如果再不合作，必定性命难保，我们随时可以将你就地处决！”

冯白驹对国民党当局的险恶用心洞若观火。在狱中，他丝毫不顾个人安危，而是始终坚持原则，运用共产党的抗日民族统一战线与敌人进行针锋相对的斗争。他以共产党人大无畏的英雄气概，重申共产党关于建立以国共两党合作为基础的抗日民族统一战线的主张。他利用国民党当局要求他写“自白书”的机会，揭露琼崖国民党当局破坏团结抗日的罪行，并表示只要国民党琼崖当局保证停止内战，真诚地谈判解决琼崖国共两党团结抗日的问题，琼崖红军愿意接受改编，共赴国难。

中共中央获悉冯白驹被捕的消息后，十分关切。周恩来亲自向国民党当局提出抗议，并指示中共中央南方临时工作委员会迅速向广东省国民党当局提出交涉。叶剑英也写信给广东省国民党当局，要他们顾全大局，无条件释放冯白驹。与此同时，琼崖各地人民也自发行动起来，对国民党琼崖当局令亲者痛、仇者快的卑劣行径表达强烈的愤慨，要求他们无条件释放冯白驹，实现琼崖地区的国共团结抗日。爱国工人、学生也纷纷上街游行示威，以实际行动强烈抗议琼崖国民党当局破坏抗日民族统一战线的行为。爱国人士和琼崖籍的海外华侨也纷纷寄来书信、发来电报，要求琼崖国民党当局以民族利益为重，立即无条件释放冯白驹和一切政治犯，恢复谈判，共商抗日大计。各方力量汇聚成滚滚洪流，展现了在危急存亡时刻的磅礴力量。

三、冯白驹在狱中坚持斗争

随着全国抗日斗争形势的不断高涨，全民族团结抗战已成为不可阻挡的历史潮流。琼崖人民群众团结抗日的要求，迫使琼崖国民党当局不得不派人来到狱中，与冯白驹恢复团结抗战谈判。但是，他们又狡猾地以没有上级命令不得擅自放人为由，继续关押冯白驹。

对此，冯白驹郑重声明，谈判只能在琼崖国民党当局和中共琼崖特委之间展开，因此，必须先将曾惠予释放，以便自己随时保持与中共琼崖特委的联系。

曾惠予被释放后，根据党组织安排，每天来到狱中看望丈夫，传达琼崖特委的指示。

冯白驹在狱中与国民党当局斗争的同时，还领导狱中秘密党支部开展斗争。当时，随着抗日战争形势的不断开展，蒋介石先后释放了一大批政治犯。然而，琼崖国民党当局却逆流而动，不但不释放共产党人，还在继续捕杀共产党人。由于每天都见到新的同志被捕入狱，狱中的许多同志对琼崖国共合作、团结抗日的前途感到失望，进而导致思想混乱。为此，监狱里的秘密党支部派支部委员符哥洛向冯白驹进行了汇报。

冯白驹指出："全国政治犯释放了，但琼崖地方反动派反共反人民的本性还是相当顽固，琼崖要实现两党合作，停止内战，一致抗日，还需要一段时间，我们必须经过一场激烈的顽强的斗争才行。"符哥洛听了，接着问道："前些时，琼崖地方反动当局不是讲要同我们和谈，团结抗日吗？"冯白驹回答说："这是放烟幕，反动当局还在大肆捕杀共产党人，哪有诚意和谈。"冯白驹说完，继续鼓励道："你回去转告大家，请大家不要灰心，要坚持斗争，要坚信党的事业一定能够取得最后的胜利。"

符哥洛

此后，在中共中央的领导下，经过周恩来、叶剑英等人的努力争取，以及广大人民群众的强烈抗议和严正要求，蒋介石被迫于 1937 年 11 月下令琼崖国民党当局无条件释放冯白驹。出狱前，冯白驹特意向狱中党支部告别，感谢党支部的同志对他的关心，对大家在狱中坚持斗争表示肯定，并表示出狱后将立即同琼崖国民党当局交涉，争取大家早日出狱。他说："经过中央周恩来等领导同志向国民党当局交涉，现我得释放了，特来告别。看来琼崖局势可能向好的方面发展，你们不久也会释放，如他们不释放你们，我出去后再交涉。"

四、与国民党重新开启谈判

冯白驹一经出狱，便面见国民党琼崖守备司令张达，继续就琼崖国共两党合作、共同抗日的问题进行交涉。鉴于当时全国抗战的形势和抗日民族统一战线在全国已经形成，张达表示愿意合作抗日，要求冯白驹回去后，中共琼崖特委方面继续派出代表，谈判红军武装的改编问题。

1938 年 1 月，琼崖特委派冯白驹为全权代表，前往府城同琼崖国民党当局重新开启谈判。谈判一开始，双方便围绕着游击队改编后的独立自主等问题展开激烈争论。国民党方面代表提出把琼崖游击队改编为国民党一五二师下属的特务营，直接受其领导，企图把红军"溶化"掉。冯白驹则按照中央指示，坚持独立自主的原则，主张将琼崖游击队改编为琼崖抗日自卫部队，改编后政治上、组织上独立自主。双方争论激烈，谈判仍因国民党当局一味坚持错误意见而没有明显的进展。

由于缺乏无线电设备沟通，为使上级党组织及时掌握琼崖地区斗争情况、指导谈判斗争，冯白驹在谈判间歇，还亲自赶到八路军驻广州办事处汇报谈判情况，并得到了上级党组织的充分肯定。在随后的几轮谈判中，冯白驹始终坚持正确的立场和原则，寸步不让，据理力争，而琼崖国民党当局也仍旧老调重弹，顽固不化。这样，使得谈判一直僵持、拖延。

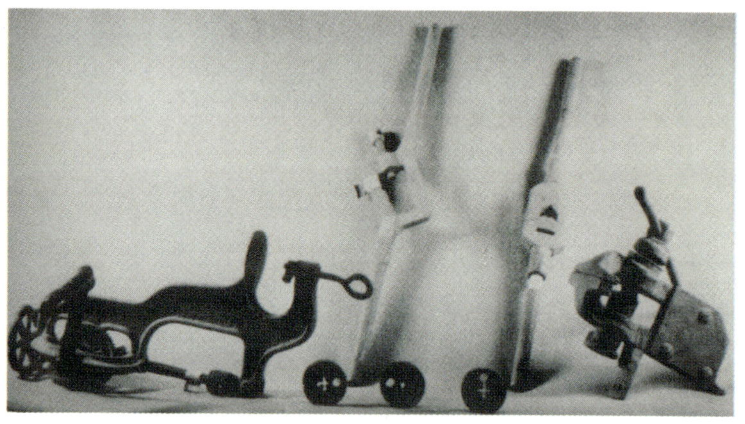

琼崖抗日根据地制造的手榴弹

然而，形势不等人。1938 年下半年起，日本侵略者的魔爪终于伸向了琼崖地区。9 月，侵华日军的飞机开始轰炸海口、府城，军舰进犯榆林港，琼崖全岛震动，形势万分紧急。在此情况下，琼崖各界群众对于团结抗日的呼声日益高涨，冯白驹也认为琼崖必须实现国共合作、团结抗日，才能应对日军侵略。因此，他主动来到府城，积极争取琼崖国民党当局新任守备司令王毅的支持。

1938 年 10 月 22 日，琼崖地区的国共两党终于通过谈判达成协议。在中国共产党领导的抗日救亡运动的推动下，琼崖国民党当局出于种种考虑，接受了琼崖特委提出的在红军改编等重大问题上独立自主的原则；为了顾全大局，冯白驹也在坚持独立自主原则的大前提下在谈判中作了一些让步。

琼崖国共两党达成协议的主要内容有：一、琼崖国共合作宗旨，是为了共同抗日；二、琼崖红军改编为“广东民众抗日自卫团第十四区独立队”，在政治上、组织上保持独立自主；三、独立队为大队建制，下辖三个中队，冯白驹任独立队队长，独立队和三个中队的副职由国民党选派，但须经共产党同意；四、独立队部设政训处（或室），设正副主任各一名，由共产党选派；五、独立队按一个营的编制，由国民党每月发给军饷八千元。

至此，琼崖地区以国共两党合作为基础的抗日民族统一战线正式形成，这是中国共产党抗日民族统一战线政策的胜利，也是以冯白驹为代表的中共琼崖特委在统一战线中坚持党的政治纪律、坚持独立自主原则、灵活运用策略的结果。

资料来源：

中共海南省委党史研究室编著：《冯白驹将军传》，中共党史出版社 1998 年版。

反对王明右倾错误

1931 年 1 月，以王明为代表的“左”倾教条主义在共产国际的干预下，在党的领导机关内开始了长达四年的统治。王明“左”倾教条主义在党内统治的这四年，使党在白区的组织几乎损失殆尽，红军和农村革命根据地也遭受重创，直接导致了第五次反“围剿”的失败，党和红军不得不开始长征，进行战略性的大转移。直至 1935 年 1 月，遵义会议的召开，在军事上确立了毛泽东在党中央的领导地位，才结束了王明“左”倾教条主义的统治。

全面抗日战争开始后，1937 年 11 月，王明由苏联回国。1938 年，王明来到武汉，任中共中央长江局书记。在武汉，他极力推行右倾主张，以共产国际代表自居，对抗中央，拒不执行中央的方针政策，甚至越俎代庖，不经请示便以中央名义

王稼祥

发表宣言，另搞一套，造成了十分不良的政治影响。然而，由于中国共产党当时受共产国际的领导，而王明是共产国际派驻中国的代表，因此，对于解决王明右倾错误的问题，必须考虑共产国际的指示和意见。在结束王明右倾错误的过程中，从苏联返回中国的王稼祥发挥了重要作用。

一、王稼祥接受新任命

遵义会议后，王稼祥成为指挥红军的三人小组成员。在长征途中，他身患疾病，拖着病体以顽强的毅力完成了长征的行军，到达陕北。由于病情越来越严重，1936 年年底，经中共中央批准，在红军总卫生部部长贺诚陪同下，王稼祥前往苏联治病。随即，王稼祥从延安到西安待机赴苏联。经过半年多的辗转，直到 1937 年 7

贺　诚

月初他们才抵达莫斯科。随即，王稼祥接受了全面的身体检查和精心的治疗，身体逐渐恢复了健康。

1937 年 11 月，在王明从苏联回国前，王稼祥接替王明，出任中共驻共产国际代表团负责人。对王稼祥的这一任命，是由共产国际总书记季米特洛夫决定的。季米特洛夫是国际共产主义运动中富有声望的活动家。他通过与王明的接触，发现王明夸夸其谈，缺乏实际工作经验，同时对毛泽东、张闻天等中共党的领导人又颇为不满。正因如此，王明回国之前，季米特洛夫特地把王明和接替王明的王稼祥一起找来谈话，提醒王明要安守本分、注意团结，与毛泽东、张闻天等同志搞好关系。然而，王明一到延安，便把季米特洛夫的叮嘱当成了耳旁风。他很快便犯了右倾错误，否认抗日统一战线中的独立自主原则，主张“一切经过统一战线”“一切服从统一战线”，放弃党对统一战线的领导权，反对毛泽东所坚持的党在抗日民族统一战线中的独立自主方针。王明的右倾错误，给党的工作带来了十分严重的不良影响。

二、任弼时赴苏联说明情况

1938 年 3 月，中共中央政治局会议决定派任弼时赴莫斯科，向共产国际报告中国抗战形势和国共两党关系情况，交涉军事、政治、经济、技术等问题，请求共产国际和苏联提供援助。3 月底，任弼时等人抵达莫斯科。4 月 14 日，任弼时向共

任弼时

产国际执委会递交了一份长达1500字的书面报告。5月17日，他又对这个报告作了具体说明。通过任弼时的报告与说明，共产国际第一次比较全面而深入地了解到，抗日战争以来国共两党关系的实际情况。同时，他们也认识到，毛泽东所坚持的抗日民族统一战线中的独立自主方针是正确的，可以有效地制止蒋介石“溶化”共产党的企图；而王明回国后引起的党内矛盾，只会对中国革命的前途造成不利影响。

针对王明，季米特洛夫等共产国际领导人主动向任弼时问了三个问题：王明是否有企图把自己的意见当作中央意见的倾向？王明是否总习惯于拉拢一部分人在自己周围？王明与毛泽东是否处不好关系？面对季米特洛夫等共产国际领导人的询问，任弼时如实地反映了王明回国后的种种恶劣表现，以及王明与中央书记处特别是毛泽东的种种意见分歧。当了解到王明回国后在中共党内引起的不良影响，季米特洛夫十分生气，当即批评王明缺乏实际工作经验，自以为是，喜欢强加于人，并且习惯于拉帮结派，想当领袖。

为了妥善解决王明的问题，6月11日，共产国际执委会主席团召开专门会议，讨论任弼时的报告，并通过了两个文件：《共产国际执委会主席团关于中共代表报告的决议案》和《共产国际执委会主席团的决议》。会议充分肯定和完全同意中国共产党的政治路线，明确支持和声援中国人民全民族的抗日斗争，为反对王明的右倾错误提供了锐利的思想武器。7月6日，当天出版的苏共中央机关报——《真理报》，破天荒地刊登了毛泽东和朱德的合影照片，清楚地表明了莫斯科对毛泽东的支持态度。

季米特洛夫

为了进一步落实季米特洛夫对毛泽东的支持，共产国际决定派病愈的王稼祥回国，传达共产国际的指示。王稼祥回国前夕，季米特洛夫在克里姆林宫召见了他和其他中共代表团成员，并特别叮嘱道："中国共产党的领导人毛泽东同志是久经考验的马克思列宁主义者，中国目前仍然应该坚持与国民党又合作又斗争的原则，警惕重复第一次国共合作的悲剧。"季米特洛夫还语重心长地说："你们应该告诉全党，应该支持毛泽东同志为党的领导人，他是在实际斗争中锻炼出来的领袖。其他人，如王明，就不要再争了。"

三、拥护毛泽东为全党领袖

王稼祥带着共产国际的特殊使命，迅速回到陕北。王稼祥的回国，从莫斯科带来了共产国际极为重要的指示：中国共产党应该拥护毛泽东为全党领袖。他在中共中央政治局扩大会议上如实地传达了季米特洛夫的讲话：“今天的环境中，中共主要负责人很难在一块，因此更容易发生问题。在领导机关中要在毛泽东为首的领导下解决。领导机关中要有紧密团结的空气。”“在我临走时他特别嘱咐，要中共团结才能建立信仰。在中国，抗日统一战线是中国人民抗战的关键，而中共的团结又是统一战线的关键。统一战线的胜利是靠党的一致与领导者的团结。这是季米特洛夫临别时的赠言。”

共产国际对毛泽东在全党的领袖地位的肯定，无疑会对党内坚持正确的政治路线，纠正王明右倾错误起到重要作用。

王稼祥从莫斯科回到延安时，王明正在武汉担任中共长江局书记。他在长江局大肆鼓吹：“一切通过统一战线、一切服从统一战线”，否认中国共产党领导抗日战争的独立性。他甚至放出谣言，将自己的错误粉饰为执行共产国际的指示，蒙蔽党内同志。

当王明得知王稼祥带着共产国际的重要指示回国后，已经预感到共产国际的态度，因此整日坐立不安。很快，党中央决定 1938 年 9 月在延安召开扩大的六届六中全会，通知王明离开武汉赴延安参加会议，并明确指出，会议要听王稼祥同志传达共产国际的重要指示。

王明自知大势已去，但仍不甘心，他起草了一封给党中央的电报，竟提出，要求党中央到武汉召开六中全会。他甚至天真地表示，自己身为共产国际执委，共产国际对中共中央下达指示，理所当然应该由他主持党中央全会。王明同时函告王稼祥，要求王稼祥来到武汉和他单独会谈，企图提前做好准备，抵制党中央。王稼祥坚决地拒绝了王明目无组织的要求，并及时向党中央和毛泽东做了报告。

针对王明的无理要求和傲慢态度，中共中央书记处和毛泽东也进行了有力的驳斥。毛泽东看到王明的电报，非常生气地说道："岂有此理！我们共产党的中央会议，为什么要跑到国民党地区去开？谁愿意去谁去，就是抬我去，我也不去！"王稼祥对毛泽东表示明确的支持，说："王明是有阴谋的，我尽量想办法让他回延安来！"毛泽东听了，高兴地表示："应该这样做！"

于是，王稼祥迅速回到自己住处，给王明发去措辞强硬的电报，严肃指出："请按时来延安参加六中全会，听取传达共产国际重要指示。你应该服从中央的决定，否则一切后果由你自己负责。"王明接到王稼祥的复电后，自知情况不妙，经过再三考虑，最终还是决定离开武汉。

四、六届六中全会的召开

离开武汉，王明途中在西安停留，他又向中央提出，由他作政治报告，试图在政治上占据主导地位。中央很快复电，态度鲜明地指出，政治报告谁来作，由中央政治局讨论研究决定。这样，王明只好极不情愿地回到了延安。

王明一到延安，就迫不及待地向王稼祥打听共产国际的指示。正直的王稼祥对他直言相告："季米特洛夫说，应该承认毛泽东同志是中国革命实际斗争中产生出来的领袖，请告诉王明，不要争了吧。"王明听后，哑口无言。王稼祥带回的共产国际指示，犹如收缴了王明的尚方宝剑，使他失去了依托，正式宣告他的右倾错误的破产。

1938 年 9 月 29 日下午，延安阳光明媚，中国共产党扩大的六届六中全会在桥儿沟中央党校礼堂隆重召开。这是党的六大以来，到会人数最多的一次中央全会，有中央委员和候补中央委员 17 人，中央各部门和各地区的领导干部 30 余人。

会议开始后，王稼祥再次传达了季米特洛夫的临别赠言，这对全会克服王明右倾错误起了重要作用。在会上，毛泽东作了《论新阶段》的政治报告和《统一战线中的独立自主问题》及《战争和战略问题》的总结报告。他尖锐地批判了党内在统一战线问题上的关门主义和投降主义的倾向，着重批判了"一切经过统一战线""一切服从统一战线"。他科学分析了抗日时期统一战线的统一性与独立性、民族斗争与阶级斗争的正确关系。会上，毛泽东还针对王明回国伊始以钦差大臣自居、指手画脚、目无中央的做法，特别强调了加强党的纪律的重要，重申了个人服从组织、少数服从多数、下级服从上级、全党服从党中央的组织原则。全会通过了有关党规党法，还决定撤销长江局，调王明回延安工作。

中国共产党扩大的六届六中全会会址

中国共产党扩大的六届六中全会从 9 月 29 日开幕，历时 40 天，直到 11 月 6 日才结束。在这次全会上，全面总结了抗战以来党和军队的工作，批判了党内的右倾情绪和王明右倾错误，突出强调了党在抗日民族统一战线中的独立自主原则，突出强调了党对敌后抗战的领导地位，重申了党的政治工作基本原则。这是党心所向、民心所向，为中国共产党最终领导中国人民取得抗日战争的胜利，起到了关键作用。

资料来源：

1. 程中原著：《张闻天传》，当代中国出版社 2000 年版。

2. 施昌旺著：《王稼祥传》，安徽人民出版社 2003 年版。

坚持把“政治挺在前面”的谭甫仁

1938年3月，在旅长徐海东、政委黄克诚的带领下，刚刚从八路军第一一五师转隶到第一二九师的三四四旅，奉八路军总部的命令，越过正太铁路，南下晋东南，向太行山区进军，配合第一二九师作战。

一、把政治挺在前面

进军途中，徐海东、黄克诚率领第六八八、六八九团先行。主力团第六八七团在团长张绍东的率领下殿后，翻越正太铁路，进入晋东南的某县驻防，帮助地方党组织开展建立抗日民主政权等工作。

让人意料不到的是，驻防期间，第六八七团团长张绍东违犯党的纪律、自作主张，在驻扎区域内，对抗党的抗日民族统一战线政策，擅自带领士兵抄地主的家，没收地主豪绅财产。此外，他还大肆贪污，把没收的钱财据为己有、中饱私囊；进行非组织活动，搞团团伙伙，拉拢第六八七团团参谋长等人，集体秘密参加反动组织——青红帮。

张绍东的这些错误行为，早就被第六八七团政治处主任谭甫仁所察觉。他根据掌握的情况，主动向张绍东等人做思想政治工作，进行劝告。然而，张绍东自认为是谭甫仁的上级，对谭甫仁的劝说不屑一顾。其他犯错误的人，也不把谭甫仁的话当回事。渐渐地，第六八七团的政治生态逐渐恶化，不良风气蔓延开来。

第六八七团政治生态的恶化，存在着一个逐渐演变的过程。全面抗日战争开始后，根据第二次国共合作的协定，陕北的红军改编为八路军，八路军里不设政治部、政治处，没有政委，而是仿照国民政府军队的模式，在师、旅、团设置政训处。

国民政府军队政治工作一向形同虚设，政训处更是没有任何权力，地位低下，上至军官、下至士兵，都不把政训处当回事。八路军成立初期，由于取消政委、政治处，设立政训处，逐渐产生了一些不良风气。“同志”的称呼越来越少，称兄道弟的江湖习气越来越浓；部队里只讲打仗，不讲政治，把许多红军时期的好习惯、好经验都抛弃了。

面对这种情况，八路军里许多干部，都通过各种渠道，向八路军总部反映了这些令人担忧的问题。八路军总部为解决这些问题，派组织部部长黄克诚到基层进行调查研究，写成调查报告，随后向八路军总部做了详细的汇报。

黄克诚

毛泽东审阅了黄克诚的报告，立即批示，建议八路军重新设立各级政委，由聂荣臻、关向应、张浩分别担任第一一五师、一二〇师、一二九师的政治委员，各师、旅、团也相应重新设立政治部、政治处。调查报告的撰写者黄克诚则被八路军总部派至第一一五师三四四旅任政治委员。

重新建立政委制度后，谭甫仁由第三四四旅六八七团的政训处主任，改任为政治处主任。在他的努力下，团里面的不良风气有所收敛，但是由于团长张绍东首先违犯纪律，不听劝告，一意孤行，“恐日病增长”“反对政治工作”，致使第六八七团政治工作举步维艰。

为了彻底解决该团的问题，维护党的政治工作在第六八七团的地位，发扬我军政治工作在部队中的作用，把部队的政治思想教育引导好，提高部队的政治素质，增强战斗力。谭甫仁按照规定，将第六八七团的情况向旅部进行报告。

在报告中，谭甫仁向旅部提出，对第六八七团“换一些干部，撤一些干部”。然而，事情的发展起初令谭甫仁十分失望，由于种种原因，旅部对谭甫仁的报告和建议，一直没有答复和反应，也没有对第六八七团采取任何组织措施，没有及时遏制不良风气的蔓延。

正是这种对危险信号听之任之、不够重视的处理方式，使团长张绍东的错误行为没有得到及时纠正。他因此更加变本加厉、有恃无恐，逐渐滑向叛变、投敌的深渊。

二、张绍东叛变

1938年3月的一天，张绍东经过长期谋划，与团参谋长兰国清沆瀣一气，借口将全团连以上干部集合去查看地形，妄图逼迫大家集体叛变。

当时，谭甫仁也在场。当张绍东彻底露出叛变投敌的真面目，逼迫大家叛变时，谭甫仁不顾个人安危，挺身而出，大义凛然地抵制和阻止叛变革命、投靠敌人的卑劣行为。

谭甫仁

他抛开生死，义正辞严地向大家说道：“同志们，叛变投敌是一种可耻的叛徒行为，叛徒是党和人民的敌人，是历史的罪人！今天，谁要是背叛革命，投靠敌人，谁就是人民的敌人，党和人民是不会饶恕他的；叛徒最终没有好下场。红军千辛万苦北上，就是为了抗日救国；红军改编为八路军，也是为了抗日救国。现在跟日寇只打了几仗，并取得了一些胜利，有许多战友和同志为了民族和人民的利益，付出了自己年轻而宝贵的生命。现在，我们还没有为他们报仇，还没有打败日本鬼子，还没有完成党和人民交给我们的重托，居然半途而废，叛变逃跑，对得起党对自己的教育培养吗？对得起你的亲人、对得起人民吗？”

在场的军官和干部，大多出身红十五军团，经历过苏维埃根据地、长征的重重考验，许多人本身是明辨是非的。因此，当谭甫仁第一个站出来反对，给大家敲响警钟后，许多人也起来响应，给谭甫仁的讲话鼓掌，并站到谭甫仁身后，表示对他的支持。

谭甫仁见状，便单独对始作俑者张绍东说：“绍东，你是老红军、老党员了。只要你及时停止自己的行为，向党承认错误，接受教训，痛改前非，我想党组织和部队一定会给你机会继续抗日的。回头是岸啊！”

然而，张绍东仍旧执迷不悟，丝毫不听谭甫仁的真诚劝告。他见绝大多数军官都站在谭甫仁一边，便无可奈何地带着团参谋长兰国清等几个人逃跑了。

三、对忽视政治工作进行深刻检讨

事后，谭甫仁率领余下的干部返回第六八七团团部，立即将团长张绍东等人叛逃的情况，详细报告给了旅部。旅长徐海东、政委黄克诚得知张绍东、兰国清叛变后，十分震惊与恼怒。他们深刻反思：八路军中，不管是官还是兵，丝毫不能放松政治思想教育，不能丢掉红军的优良传统；没有正确的政治思想作指导，军队便是一群乌合之众，不能担负起抗日和解放全中国的重任。

八路军总部也很快知道了张绍东叛变事件的全部经过。总司令朱德火冒三丈，亲自来到第三四四旅整顿、指导工作。第三四四旅部随即召开会议进行检讨。

抗日战争时期的朱德（右）和毛泽东

在谭甫仁主动要求下，会议准许他第一个发言。谭甫仁在发言中首先作了检讨，他诚恳地说："没有事先发觉（张绍东）会叛变，也是政治工作的耻辱，我应负其责，最基本的问题是当时没有从根本上来解决。”

事实上，在张绍东叛逃前后，谭甫仁做了许多有益的工作，并在关键时刻，通过说服教育工作，把绝大部分干部挽救了过来。然而，他并不邀功，而是更多地分析自己的责任与错误；不诿过于人，检讨自己工作不周到、不细致的地方。

谭甫仁发言后，徐海东、黄克诚也进行了发言。朱德认真听取了发言，弄清了事情的前因后果、来龙去脉。他对谭甫仁在张绍东率干部叛逃关键时刻所起的作用，进行了充分的肯定，说：“政治工作有责任，但主要责任应由旅来负。”最后，朱德语重心长地教育第三四四旅全体干部：“部队的政治工作必须深入哟！”

在朱德的指导下，第三四四旅全旅上下纷纷以张绍东叛逃事件为教训，进行了深刻的检查和总结。经过整顿，部队里党的思想建设工作不断提高，战斗力和凝聚力也得到了显著增强。

资料来源：

徐献编著：《谭甫仁将军》，中共广东省委党史研究室、《广东党史资料丛刊》编辑部，2001 年。

识破张国焘“出逃”阴谋

李克农

李克农是我党我军隐蔽战线的卓越领导者和组织者。在长期的革命生涯中，他以对党无限忠诚和高度负责的精神，在紧急关头多次保卫党中央的安全，为中国革命事业作出了重大贡献。

抗日战争开始后，李克农先后赴上海、南京等地，进行国共合作的各项工作。1937 年 12 月 15 日，他到达武汉，被任命为中共中央长江局秘书长和八路军总部秘书长，分管机要、电台和情报工作。

一、张国焘私自南下

1938 年 4 月的一天晚上，李克农正在办公室工作，忽然，机要科长童小鹏急急忙忙跑了进来。他递给李克农一封电报，说道："秘书长，这是西安发来的急电，您快看一看！"

李克农接过电报，看到电报是西安八路军办事处发来的，上面写着：边区副主席张国焘借祭黄帝陵之机带警卫员张海，7 日下午从西安乘火车私自前往武汉，声称要找周副主席谈做蒋介石的统战工作。党中央指示：请务必在武汉截留并劝其速回延安。

一向性格沉稳、处变不惊的李克农看完电报，不由得大吃一惊。他默默拿起电报，径直向时任中共中央长江局副书记、中共代表团负责人周恩来的办公室走去，向他汇报情况。周恩来听完汇报，立即作出决定：按党中央指示办，不管张国焘擅自来武汉的动机是什么，一定要先把他截留在武汉的办事处。

周恩来长期跟张国焘合作共事，十分熟悉张国焘的脾气秉性，他没有明说张国焘可能准备要"叛逃"，但从他的指示中可以看出他的态度。

张国焘在 1935 年于长征途中另立中央，曾犯下极其严重的错误，险些使中国革命毁于一旦。长征结束后，张国焘进入陕甘宁边区。1937 年 3 月，延安的中央政治局会议严厉批判了张国焘的军阀主义、逃跑主义的错误，张国焘在会上被迫作

毛泽东与张国焘（左）

了自我批评。他痛哭流涕，检讨了自己的错误，并请求中央给他一个改正的机会。中央从治病救人的角度出发，仍推荐其担任陕甘宁边区副主席，后任代理主席。

大家本以为张国焘应该就此痛改前非、努力工作。然而，事情并没有那么简单。张国焘的痛哭流涕和自我检讨都只是权宜之计，他无组织无纪律的思想问题其实并没有得到根本解决。政治局会议之后，生性自大、多疑的张国焘自认为在党内已经威信扫地，一面在表面上流露出意志消沉、消极工作的态度，一面却在暗地里积极筹划，与国民党方面暗通款曲，甘心成为国民党特务拉拢的对象，为自己寻找所谓的“出路”。

1938 年 4 月清明节前夕，国民党陕西省党部向中共中央提出请求，希望中共方面派一位领导赴陕西黄帝陵扫墓，以激励全体炎黄子孙不忘祖先、共同守卫家园、抵抗日寇。为了民族大义，共产党答应了国民党方面的要求。殊不知，这背后，其实还另有隐情。原来，国民党军统头子戴笠为了顺利将张国焘引到国民党这边来，特意制定了行动方案，以赴黄帝陵扫墓为借口，为张国焘叛逃制造机会。

张国焘也认为这是离开延安的好机会，便找到毛泽东，要求作为代表去为黄帝陵扫墓。毛泽东起初并不答应，对张国焘说："若是为了搞统一战线的需要，边区政府派一个秘书去就行了，不用派党的副主席去。"张国焘则坚持要去，说："派个秘书会显得不够重视，对统一战线不利。"毛泽东听了，只好答应张国焘，但强调说："扫完墓就立即返回延安。"

就这样，4 月 2 日，张国焘带着警卫员张海以及秘书离开延安，到黄帝陵与国民党西安绥靖公署主任蒋鼎文勾结在一起。4 日扫墓结束后，张国焘为了支开秘书及警卫战士，便欺骗他们说："你们先回延安，我到西安办事处去一趟，有些工作与边区政府林伯渠主席商量。"就这样，张国焘只带了贴身警卫员张海，便坐上蒋鼎文的小汽车到了西安。

到了西安之后，张国焘根本没去八路军驻西安办事处，而是在蒋鼎文的安排下，钻进了国民党的一处高级招待所——西京招待所。经过与蒋鼎文反复密谋，4 月 7 日，张国焘带上张海和两个国民党特务，从西安乘去武汉的火车。临行前，张国焘还特意命张海将自己要去武汉的事情告诉林伯渠。林伯渠得知后，立即对张国焘进行反复劝说，仍旧无果，便只好将情况上报党中央。党中央随即电告在武汉的周恩来、李克农等，希望他们截留张国焘，避免事态进一步恶化。

西京招待所

二、李克农截留张国焘

要在国民党头号大特务戴笠的眼皮底下，截留狡猾、多疑的张国焘，对于周恩来、李克农来说，可谓是十分艰巨的任务。周恩来看着面前的李克农，说："张国焘这次私自离开陕甘宁边区，我觉得非同小可，背后一定有明确的目的。一定要在第一时间截住他，否则，我们的工作就会陷入被动。你亲自带几个人去一趟，务必把他'请'到办事处来。"

李克农领受了任务，便立即投入工作。首先要确定的是张

童小鹏（右）与邓颖超

国焘到达武汉的具体时间。张国焘是4月7日从西安乘火车的，按照正常的火车速度，应该是9日到达武汉。但是李克农不知道张国焘的具体车次，而且当时抗日战争正进行得如火如荼，火车延误是常事，准确时间根本无法把握。

为了防止张国焘溜走，李克农决定，在9日第一趟列车到达武汉前便开始蹲守。当日一早，他就带了童小鹏、邱南章、吴志坚等人，驾驶两辆小汽车，直奔汉口大智门火车站进行守候。

可是，他们连等了两天，却始终不见张国焘的踪影。李克农结合其他情报，判断火车必定是因躲避炮火而中途停车，所以晚点。果然，到了4月11日，当李克农等人一早赶到火车站时，便感觉到周围的情况明显发生了变化。车站的广场上突然出现了许多行动诡异、神情不定的人。凭借多年的情报工作经验，李克农十分肯定地判断，这些人就是国民党特务，张国焘应该会在当日到达武汉。于是，李克农压低声音提醒童小鹏："看来我们今天没白来，张副主席要到武汉了，特务们都赶来了，大家提高警惕！"说完，李克农又顿了顿，接着说：

“今天无论花多大的代价，也要完成中央交给的任务，把张国焘截住。”

然而，李克农等人守候在出站口，看着一辆又一辆火车开进站台，无数旅客走出站台，却始终不见张国焘的影子。直到天色将晚，当天最后一列从西安方向驶来的火车也徐徐开进站台。李克农等人打起精神，用双眼扫视着每一个出站的旅客，努力搜寻着张国焘的身影。渐渐地，出站的人群由熙熙攘攘变为了稀稀拉拉，可大家还是没看见张国焘的踪迹。童小鹏有些担心，他低声问李克农：“这是不是张国焘他们耍的花招，说不定赖在车上没下来，等着特务们去接。”

李克农一听，觉得很有道理，便对大家说：“小童你继续在这里盯着，我和小邱、小吴进去看看。”三人走进站台，李克农让邱南章从火车尾部上车，一个车厢接着一个车厢地寻找张国焘。他自己则和吴志坚守在站台上，观察异动。

邱南章

正当李克农焦急等待的时候，突然看见邱南章从一节车窗的窗户探出半截身子，向窗外打了个手势。李克农知道是找到张国焘了，便急忙带着吴志坚从那节车厢上了车。果然，张国焘正假装一本正经地坐在车厢里的座位上，神情紧张却又故作镇定。李克农一心想着如何迅速将张国焘带回办事处，便客气地开门见山说道："张副主席，你一路辛苦了。听说你要来武汉，周副主席让我们来车站接你。"张国焘睁开眼睛，向上瞥了李克农一眼，没好气地说："哼！我自己走，不用麻烦你们！"两个国民党特务也应声站起来帮腔，说："张副主席是我们请来的客人，与你们无关，你们不要打扰。"

李克农见状，立刻向邱南章和吴志坚使了个眼色。两人马上会意，迅速从腰间拔出手枪，对准两个特务，大声喝道："老实点，不准动！"警卫员张海眼疾手快，马上把特务身上的枪缴了，交给了李克农。特务顿时没了神气，连声求饶，说："不要开枪，不要开枪！我们也是奉命行事，现在张副主席到了武汉，由你们负责，我们的任务也算完成了。"

张国焘见特务被制服，便拎起箱子就要往外闯。李克农对张海说："张海，你这警卫员怎么当的！还不给张副主席提行李？"张海马上跟上前去，夺下张国焘的行李箱子。邱南章、吴志坚则上前架起张国焘，一同下了火车，迅速走向出站口，上了小汽车。

小汽车刚准备发动离开车站，只见出站口广场上的众多国民党特务纷纷卸下伪装，涌了过来。危急时刻，邱南章、童小鹏拔出手枪，对准特务，大声喝道："我们是十八集团军的，奉命执行任务，请放明白点，不要伤了大家的和气。"

特务们顿时愣住，不知如何是好。李克农趁机发出指示，示意迅速离开。只见司机猛踩一脚油门，小汽车的引擎发出“呜”的一声轰鸣，随后一溜烟离开了车站。眼见离特务们越来越远，李克农一边擦额头上的汗珠，一边望着张国焘长叹一口气，说道：“张副主席，周副主席一再叮嘱我们，你一个人在外面不安全，你还是跟我们回办事处休息吧。”

张国焘听了，装作闭目养神，一言不发，脑子里却在快速思考脱身的方法。过了一会儿，他清了清嗓子，说道：“克农啊，我多日受颠簸之苦，现在感觉很疲惫。我们先休息一下，找个地方喝喝茶，再商量下一步打算，如何？”

李克农心里如同明镜一般，知道张国焘又要耍花招，便不接茬，而是说：“张副主席，马上就要到办事处了，你再忍一忍。”张国焘听了，勃然大怒，吼道：“太不像话了！我只是想休息一下，喝杯茶，还需要你批准吗？你们到底是来接我的，还是来抓我的？”

李克农见张国焘这副模样，心里十分生气，然而张国焘毕竟还是边区副主席，于是他客气地解释道：“张副主席，请你不要误会。我确是奉中央的命令，来接你的。”“接我的？好，那我现在要去喝茶。”李克农无奈，只好对司机说：“这附近有喝茶的地方吗？”

很快，小汽车便停在了一家小茶馆门口。张国焘迫不及待地第一个下车，他没有进茶馆，而是提着行李快步往前走，想急于甩掉李克农等人。“张副主席，走错了，茶馆在这边。”李克农也连忙下车，迅速赶上张国焘。张国焘一边走，一边嚷着：“不喝茶了，我先去找个旅馆休息。今天太累了，明天我再去办事处。你们不用跟着了。”原来，张国焘在西安便已与蒋鼎文约好，到武汉后，先到国民党特务指定的旅馆住下，然后等待胡宗南派人来接。

李克农反对说：“周副主席还在办事处等着你呢，能不能先见了他再休息。”张国焘听了，放下行李，大声呵斥道：“李秘书长，你这是什么态度？我是边区副主席，是政治局常委，到底是该你听我的还是我听你的？”张国焘故意提高声音，引来许多行人围观看热闹，试图趁机脱身。李克农为了不引来国民党特务，只好说：“那好，那就先在附近找个旅馆休息。”

张国焘在旅店住下后，李克农叮嘱邱南章和吴志坚说：“你们两个留在这里，务必要保证张副主席的安全，不要让国民党特务接近。我和小鹏、张海先回办事处向周副主席报告，请示他下一步安排。”邱南章和吴志坚心领神会，回答道：“李秘书长放心，我们一定寸步不移，保护好张副主席。”在一旁的张国焘听了，知道这是要限制他的活动，便不悦地说：“你们都走，现在国共合作，国民党方面不会伤害我，张海留下就行了。”李克农没有理会张国焘，带着童小鹏和张海回了办事处，立即向周恩来进行汇报。

三、周恩来劝张国焘回延安

听完李克农的汇报，周恩来便马上带着中央长江局王明、博古以及其他负责人一起赶到旅馆，试图劝张国焘回延安。张国焘坐在房间的沙发上，脸色铁青，一言不发，等着周恩来等人先开口。

中共中央长江局旧址

王明第一个先说话："国焘同志，你是老领导、老同志，党的纪律、党的组织原则应该很熟悉了。有什么事情，还是先回办事处，我们慢慢研究。"张国焘先是不说话，过了良久，才低沉地说："王明同志，我这个边区副主席，就像鸡肋，没什么好干的。我来武汉，就是想通过个人与国民党谈判，做统战工作，为两党合作抗日出点力。”

周恩来没想到张国焘敢如此明目张胆地违犯党的纪律原则，对党中央表达不满，便严肃地说道：“国焘同志，你是中央的主要领导人，不经中央同意，擅自到西安，又从西安擅自到武汉，到武汉后又不愿到办事处来。这样，怎么能不引起大家的担心和忧虑？这后果，你想过没有？”博古也在一旁说道：“谈判也好，统战工作也好，回办事处总是会方便一些，便于与中央联系，促进工作。”王明接着说：“博古同志说得对。另外，你到了武汉，总得给中央发个电报，报告下你的情况吧。”张国焘摇了摇头，决绝地说：“我的情况，你们去报告吧，都一样。”周恩来听了，生气地说：“国焘同志，我们报告和你自己报告是两回事。这取决于你怎样认识自己的行为，不是我们所能代替的。”

张国焘听了，自知理亏，便说：“我到武汉完全是为了党的统战工作，不给中央打招呼，也是不妥的。我可以以自己的名义给中央打个电报，但绝对不去办事处。”说完，他假装打哈欠，然后边伸懒腰边说：“现在夜深了，我实在太累了，你们也回去休息吧。”

周恩来见张国焘如此顽固，便说：“国焘同志，今天我们就先到这里，你有什么想法，可以随时同这几名保卫同志一起到办事处来找我。”见周恩来要走，张国焘连忙拿出纸笔，信手写下几个字，交给李克农，说：“李秘书长，电报我写好了，请你替我把它发给中央。”

李克农接过纸片，跟着周恩来走了。回到办事处，周恩来等人立即向党中央报告，同时将张国焘给党中央的电报附上。张国焘的电报只有简单的一句话：“毛、洛：弟于今晚抵汉，不告而去，甚谦，希望能在汉派些工作。国焘。”中共中央书记处很快复电长江局，对下一步工作进行指示。同时，党中央为了挽救张国焘，专门对他发来电报：“国焘同志：我兄去后，甚以为念。当此民族危机，我党内部尤应团结一致，为全党全民模范，方能团结全国，挽救危亡。我兄爱党爱国，当能明察及此。政府工作重要，尚忘早日归来，不胜企。弟毛泽东、洛甫、康生、陈云、刘少奇。”

次日一早，周恩来与李克农便拿着中央给张国焘的电报来到旅馆，找到张国焘。周恩来为了挽救张国焘，主动说：“国焘同志，昨天休息得怎么样？刚从北方过来，武汉的气候有些不适吧？”张国焘还是一副懒洋洋的样子，有气无力地回答道：“马马虎虎。”

“这是中央给你的回电。”李克农把电报递给张国焘。张国焘接过电报，用余光看了一眼，便放在桌子上，冷冷地说：“说什么我也不会回延安。”周恩来耐心地劝告说：“国焘同志，为了安全起见，你还是回办事处吧。到了办事处，我们相互交流也方便，你有什么想法也可以向中央说。”

张国焘的态度依旧冷淡，说：“恩来同志，我在这里也很安全啊。你派了两个保卫人员日夜看着我。”“张副主席，你大老远从延安到武汉来，总得去看办事处的同志，跟大家说说话吧。”李克农一边说，一边上前扶起张国焘，准备往门口走。张国焘恼火地说：“李克农，你这是干什么！松开手！”

李克农丝毫没有理会，给邱南章、吴志坚递了个眼色。三人遂一起拉起张国焘，走出了房门。周恩来则提起张国焘的行李，大家一起离开旅馆，坐上了汽车。到了办事处，张国焘一进屋，便态度蛮横地质问王明：“你们到底是绑架还是拘留？我还有没有人身自由？”周恩来马上回答：“我们早就说过，你有充分的自由，请你来办事处，是为了你的安全。”

“好！有自由就好！我明天要去见几个老朋友，陈独秀、周佛海、陈立夫。另外，我准备以边区政府副主席的身份见一下蒋委员长。请你们安排。”周恩来等人听了，没有说话。张国焘便提高嗓音嚷道：“现在是两党合作抗日，蒋委员长是抗战领袖，我是边区政府副主席，为什么不能去见他，向他报告边区的工作？”

李克农见周恩来等不便马上表态，便插话说：“见蒋委员长必须提前与侍卫室联系，等确定时间才可以。明天我们先给侍卫室打个电话，联系妥之后，再给你送过去。”张国焘不依不饶地继续说：“在这之前，我想在武昌城里到处看看。我已经好多年没来武汉了。”

武昌是当时国民党军政当局办公场所的聚集地，蒋介石的行营、胡宗南第八战区司令部都在武昌。张国焘这时提出在武昌游览，就是想趁机跑到国民党那边去。周恩来清楚张国焘的用心，便说："既然国焘同志想到处看看，那我陪你一起去。我比你早来一段时间，对这里还是挺熟悉的。还有小吴，他对路熟，把他也带上。"张国焘满脸的不悦，但又不好发作，只得作罢。

四、张国焘见蒋介石

4月13日中午时分，李克农正在办公室里办公。忽然，陪着周恩来、张国焘一同在武昌游览的吴志坚打来电话，说道："秘书长，你快带几个同志过来看看。我们游完武昌，在回来的路上，张国焘趁周副主席与熟人说话的机会，又溜掉了。"

李克农放下电话，便立即叫上童小鹏、邱南章以及几个警卫班的战士，火速离开办事处，乘轮船来到武昌。李克农找到吴志坚，一起分析情况。李克农判断，张国焘马上去见蒋介石的可能性不大。一是因为时间仓促，二是张国焘一向自命不凡，现在肯定待价而沽，不会匆忙主动去找蒋介石。张国焘有可能先躲起来，找地方住下，再与胡宗南联系，由其引见给蒋介石。于是，李克农带领大家，将张国焘溜走地点附近的旅店进行了逐个排查，为确保张国焘见蒋介石前将其找到。

大家兵分几路，找了大半天，几乎把附近大大小小的宾馆、旅店找了个遍，却始终不见张国焘的踪影。许多同志开始担心张国焘是不是已经叛变，到国民党那边去了。李克农也着急起来。突然，他想起，张国焘曾化名张特立，会不会使用这个名字入住旅馆？

抱着这个希望，李克农带着大家重新挨个旅店查找张特立的入住情况。终于，大家在一家偏僻的小旅馆里找到了张国焘。确定张国焘的位置后，李克农没有打草惊蛇，而是先与周恩来联系。周恩来很快便赶了过来，径直走进张国焘的房间，说："国焘同志，实在对不起，一转眼的工夫就看不见你了，你是不是找不到回去的路了？"为了将张国焘带回办事处，周恩来故意给张国焘一个台阶下，使他不至于难堪。

正躺在床上打着如意算盘的张国焘忽然看见周恩来、李克农走进来，大惊失色，立刻从床上爬起来。他慌张地回答周恩来："是啊是啊，恩来同志。我看你与熟人说话，不好意思打扰，就自己随便转了一转，谁知这一转就看不见你们了，我看天色也不早了，就想着在外面过夜，明天再回办事处。"

李克农为了大局，也配合张国焘"演戏"，说："对不起，张副主席，我们的工作不细致，让你受惊了，赶紧回办事处吧，大家都着急等着呢。"张国焘只得既失落又无奈地收拾东西，跟着周恩来回到办事处。4 月 15 日，中央向办事处发来指示，决定同意张国焘在周恩来陪同下去见蒋介石。

4 月 16 日上午，周恩来陪同张国焘来到武昌，走进了蒋介石的行营。张国焘见到蒋介石，立即变换了一副模样，骨子里的奴颜媚骨呼之欲出，张口便说："委员长，兄弟在外糊涂多年，几经周折，如今才明白世事，请委员长见谅。"

周恩来十分鄙夷地白了张国焘一眼，驳斥道："国焘，你糊涂，我可不糊涂。"张国焘见周恩来神色严峻，许多肉麻吹捧和向蒋介石效忠奉迎的话便无法再说出口，只好语无伦次地说了一些边区政府的事情，并恭维了蒋介石一番。

蒋介石见周恩来在场，也没有多说，只是胡乱勉励了张国焘几句，以敷衍应付。临别时，蒋介石对张国焘说道："你可在武汉多留几日，共商抗战大计。有需要随时可来见我。"张国焘受宠若惊，连连点头，恭敬告退。

回到办事处，周恩来对张国焘当日厚颜无耻的行为感到十分生气。他召集王明和博古，简要讲述了当日会见蒋介石的情形，最后说："我实在没有想到，他竟然会这样的没有骨气。"

五、开除张国焘党籍

张国焘见完蒋介石后却是一番小人得志的样子。他兴致勃勃地找到李克农，说："我要去看牙，还要配一副眼镜，你们安排一下。"李克农请示周恩来，周恩来摆了摆手，示意说："让他去吧，他心已经不在这里了。但是，在中央作出决定前，我们不能让他从我们这里跑掉。"

李克农听完，便安排吴志坚与张国焘一同外出，并特意叮嘱吴志坚说："看紧点，别让他从我们这里溜掉。"送完吴志坚和张国焘后，过了好一会儿，李克农桌上的电话铃响了。李克农接起电话，电话另一边是个陌生的声音，他告诉李克农："一位姓吴的先生让我通知你，他和一位张先生目前正在我们旅馆，请你们速派人来接。"李克农顿时明白，肯定张国焘又耍了花样，想办法不回办事处。他迅速记下旅馆的地址，然后带着邱南章和警卫战士，赶到了武昌。

到了旅店，李克农很快弄清情况。原来，吴志坚陪着张国焘离开办事处后，张国焘既不看牙也不换眼镜，而是到处乱转，寻机摆脱吴志坚。吴志坚心知肚明，便紧紧跟着张国焘，寸步不离，使张国焘始终没有机会脱身。一直到天快黑的时候，张国焘故意来到过江码头，在轮渡边走来走去，就是不上船。吴志坚也只好站在码头等着。突然，当轮渡开始离岸时，张国焘立即跳上船。吴志坚眼明腿快，也跟着往上跳。可是，他脚刚一着甲板，恼羞成怒的张国焘竟然用力把他往江里推。幸亏吴志坚年轻力壮，死死抓住船的缆绳，才没有掉到江里被张国焘甩掉。

过江后，张国焘又来到一家小旅馆喝茶。吴志坚劝张国焘回办事处，张国焘说什么也不愿意，坚持要在小旅馆住下。吴志坚只好继续形影不离地跟着，同时趁张国焘不注意，写了个纸条，递给旅馆服务员，请他给办事处打电话搬救兵。

张国焘见李克农等人赶来，便恶语相向，蛮横地说："李克农，你们到底想干什么，要抓我吗？我告诉你们，这里可不是延安!”李克农心中早已怒气冲天，但为了大局，他强忍怒火说：“张副主席，你误会了，我们只是奉周副主席的命令，接您回办事处。”“回去？没门!”周恩来不在，张国焘愈发肆无忌惮。他死活不愿回去，李克农没有办法，只好安排他住下，吩咐人员留守，然后回到办事处向周恩来汇报。

4 月 17 日，根据党中央指示，周恩来、王明、博古、李克农一起来到旅馆，找到张国焘，对其做最后的努力。周恩来代表党中央向张国焘提出三条道路：第一，改正错误，回延安工作；第二，向组织请假，暂时休息；第三，自动声明脱党，由中央宣布开除党籍。

张国焘见到了摊牌的时候，便故作姿态，说：“第一条，肯定是不可能了，这第二条、第三条嘛，给我两天的考虑时间，我再做答复。”周恩来看了张国焘一眼，不愿再多说，留下邱南章和吴志坚，便领着大家返回了办事处。

周恩来走后，张国焘立刻将房门反锁，拿起电话，拨通了戴笠的号码。打完电话后，他打开房门，让邱南章和吴志坚进来，同时对吴志坚说：“小吴啊，我觉得今晚天气有些凉，你回办事处给我取条毛毯吧。”吴志坚知道张国焘又在要花招，但又不好拒绝，便对邱南章叮嘱几句，然后返回办事处去给张国焘取毛毯。

原来张国焘生性残忍、多疑，他以小人之心度君子之腹，认为党中央给他三个选择，他如果选择第三个，必定会立刻遭灭口。于是，他就使了缓兵之计，背地里马上联系戴笠，想暗度陈仓。为了方便逃跑，他又借取毛毯为由支走吴志坚。

吴志坚离开旅店没多久，忽然有人敲门，邱南章把门打开，三个黑衣陌生人马上冲了进来。一人拦腰抱住邱南章，一人用枪顶住邱南章的胸口，另一人则一边帮张国焘收拾东西，一边说：“张先生，我们来接你了，快走。”邱南章一面反抗，一面喊：“你们要干什么，为什么要抢人？我们要向你们的上司抗议。”

“上司？”一个黑衣人得意地说，“我们就是奉上峰指令办事。要找人，来找第八战区司令部胡宗南长官吧。”说完，几个人便扬长而去。张国焘临走时，扔下一张纸，头也不回地离开了。邱南章拿起纸条，上面写着：“兄弟已决定采取第三种办法，已移居到别处，请不必派人找，至要。”

邱南章马上拿着纸条赶回办事处，向周恩来、李克农汇报了张国焘逃走的经过，并把张国焘留下的纸条递给周恩来。周恩来看了一眼纸条，坐在椅子上，叹了一口气，缓缓地说：“他不肯改悔，早晚要走这条路，现在向中央摊牌了，也好，也好！”李克农则对邱南章说：“我们共产党人做事，向来光明磊落，绝不食言。答应给张国焘送一条毛毯，就要说到做到。明天，你去胡宗南那里，把毛毯给张国焘送过去。张国焘是中共一大代表，参与了党历史上的许多重大事件，但他在长征途中犯下严重错误，中央极力对他进行教育挽救。然而，他不愿真心实意改正，为了投靠国民党，多次违犯党的纪律。党中央为了挽救他，可谓仁至义尽。”

1938 年 4 月 18 日，中共中央作出《关于开除张国焘党籍的决定》，向全党公布，并于 22 日在《新华日报》上公开发表。在该决定中，中共中央表示，“张国焘的叛逃”对于中国共产党而言“不但不是什么损失，而是去掉了一个腐朽的不可救药的脓包”。

资料来源：

1. 中共中央文献研究室编：《毛泽东年谱》（1893—1949）（中），中央文献出版社 1993 年版。

2. 徐林祥、朱玉著：《李克农传》，安徽人民出版社 2003 年版。

3. 乔军编著：《李克农将军传奇》，成都出版社 1996 年版。

4. 张学龙著：《凯丰传》，百花洲文艺出版社 2010 年版。

孤军奋战的南下支队

全国抗日战争初期，王震率领三五九旅参与开辟晋西北抗日根据地和雁北抗日根据地。经过上百次战斗的锤炼，王震逐渐将三五九旅带成了“百战百胜的铁军”，自己也成长为蜚声中外的抗日名将。

在南泥湾开垦的三五九旅的战士们

一、“坚决完成任务”

抗战时期的王震

1941年年初，王震率部进驻南泥湾，守护边区重要的南线门户。他率领全旅官兵，高喊“一把镢头一把枪，生产自给保卫党中央”的口号，一方面参与粉碎国民党顽固派的反共高潮，一方面展开轰轰烈烈的大生产运动，把“处处是荒山”的南泥湾建成“陕北的好江南”，树立起“自己动手、丰衣足食”的光辉旗帜。

王首道

1944年10月，根据党中央部署，由三五九旅为主力组成八路军南下支队，王震为司令员、王首道为政治委员，执行南下作战、建立根据地的战略任务。出发前，毛泽东对王震说：“你们孤军深入，没有根据地，斗争将十分残酷，你们的处境极其困难，甚至可能全军覆没，包括你本人在内。你们要准备迎接这场严重斗争，发扬不怕牺牲、英勇奋斗的精神，争取光明的前途。”王震的回答是：“有毛主席和党中央的领导，不管发生什么情况，我们都坚决完成任务。”多年的革命斗争，已使王震成长为一名坚韧不拔、勇于开拓的优秀将领，他乐于接受新任务，勇于并善于开创工作新局面。

11 月 10 日，南下支队告别延安，开始南征。他们渡黄河、跨汾河，通过同蒲铁路、陇海铁路，与日、伪顽军进行了数十次战斗，历尽凶险，于 1945 年 1 月进入中原解放区，与李先念等领导的新四军第五师会师。2 月 14 日起，经过短暂休整后，王震率南下支队躲过顽军的围追堵截，冒着日军的飞机轰炸和快艇巡查，渡过长江天堑，进入鄂南地区，准备向湖南进发。

二、孤军深入

入湘前，为了适应新的斗争形势，更好地组织湖南群众抗日，经党中央、毛泽东批准，南下支队更名为“国民革命军湖南人民抗日救国军”，组织领导不变。王震等人分析了湘北一带形势，决定将进入湖南的首站定在平江、浏阳一带。这里不仅在红军时期是湘赣苏区的中心，而且是包括王震在内的许多连以上干部的家乡，便于开展工作。3 月 23 日，部队顺利进驻平江。次日便公开张贴《国民革命军湖南人民抗日救国军司令部布告》，以宣传党的抗日民族统一战线主张，团结一切爱国人士。

3 月 28 日，王震主持召开民众大会，他操着浓重的浏阳乡音，向群众介绍八路军、新四军的抗日情况，说道：“我们这次回到湖南，就是为了来打日本鬼子的。过去的斗争事实说明，我们湖南人民是从来不信邪的，是富有革命斗争精神的。我们要打败日本侵略者，就要在中国共产党的领导之下，组织起来，武装起来。”会后，王震及时指示地方工作干部，要以农村为重点，尽快恢复党的基层组织。

王震率部入湘后不久，蒋介石严令薛岳、王陵基等率兵在平、浏地区夹击我军。面对顽军的疯狂“进剿”计划，王震沉着应对，避敌锋芒，主动撤退，分散主力，深入发动群众。此后，部队先后转战鄂南、赣北、湘东北等地，经过 4 个多月的艰苦斗争，在湘鄂赣边先后与敌战斗百余次，收复城镇乡村 270 多个，建立了抗日根据地。

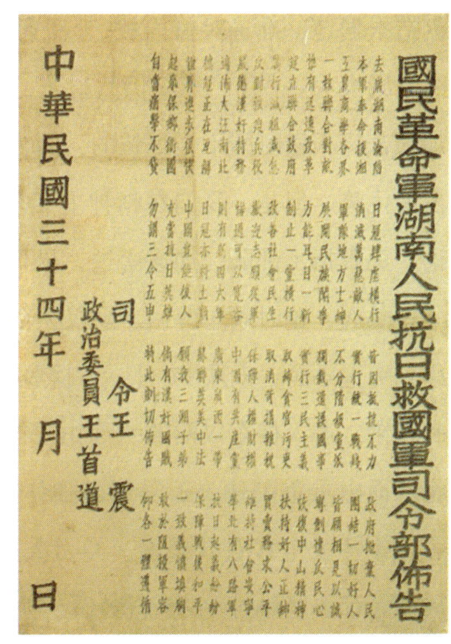

國民革命軍湖南人民抗日救國軍司令部佈告

司令王震
政治委員王首道

中華民國三十四年　月　日

《国民革命军湖南人民抗日救国军司令部布告》

三、完成“第二次长征”

1945年7月，根据党中央指示，王震率部在长沙以北西渡湘江，向湘粤边继续南进，以“在粤北、湘南创立五岭根据地”。

8月10日，当部队沿粤汉路南下，经过衡山附近的南湾时，王震收到党中央电报：“苏军参战，日本投降，内战迫近。你们的任务仍是迅速到达湘粤边，与广东部队会合，坚决创造根据地，准备对付内战。”王震听闻喜讯，十分高兴，同时激励大家：“我们处境仍然艰苦，可能有一段时间比从前更加艰苦，不过时间不会很长的，因为国际国内的和平民主力量占着优势。但是，我们在精神上必须有充分的准备。”经过讨论，王震指示部队，加速南进，早日同东江纵队会合。

然而，这时顽军薛岳、余汉谋部将王震的部队视为心腹之患，穷追不舍。8月17日，为摆脱追敌，王震率部忍着炎热和饥饿，进入桂东以西的八面山。国民党军纠集8个团兵力，将八面山重重围住，王震部面临弹尽粮绝的困境。19日，王震召集各级军官召开会议，号召大家“无论遇到何等险恶的局面，都要坚决打出去”。会后，他走到队伍前面，双眼坚毅地望向全体将士，大声问道：“同志们，国民党反动派想把我们困死、饿死，消灭在这八面山里，你们说该怎么办？”战士们声如洪钟，整齐地答道：“坚决打出去！”“对，我们要打出去！任何敌人都占不了我们的便宜！”王震挥舞拳头，饱含深情地激励大家：“哪怕环境再艰险，斗争再残酷，我们也要勇敢地杀出一条血路，我们要坚持干到底！”次日，部队在一个猎户的带领下，循小路、跋陡壁、越深沟，在几天没有吃过一顿饱饭的情况下，战胜了多于我军十几倍的顽军的前堵后追，顽强地冲出了八面山。

第三五九旅司令部旧址

8 月 26 日，部队来到湘粤赣边的五岭山区。为了尽快摆脱追敌，与东江纵队会合，王震率部以极大的毅力，忍着极度的饥饿和疲惫，越过五岭山帽子峰，进入粤北南雄县境。然而，敌军始终紧咬不放，不仅切断了南下支队与东江纵队会师的道路，还将南下支队再次逼入山中，围困起来。

此时，王震面临着前所未有的艰难局面，他还从侦察队处得到一份缴获的密信："从南雄至始兴一线，国军已周密布置就绪，待王震部来，即全歼之。"为了摆脱不利局势，王震等人请示党中央："我们对会合广东力量的中央指示，是抱极高热情和决心去执行的，但是一切客观情况对我极为不利。故我们集中意见，一致建议北上，靠拢李先念，预计 20 天行程可达湘鄂边。"29 日，王震接到党中央同意北返的复电，便立即率部冲破敌人封锁，踏上北上的征程。

9 月 26 日，王震率部到达鄂豫皖边区，渡过长江。10 月 3 日，再次与新四军第五师会合。

从延安出发，王震率领南下支队南征北返，遭到国民党军 7 个军 15 万人 2000 余里大规模的围追堵截。他们在艰险的环境中，不惧牺牲，英勇向前，途经 8 个省份，行程 2 万余里，先后突破敌人的 100 多条封锁线，经历大小战斗 300 余次，于 1946 年秋胜利返回延安，完成了党中央赋予的任务，谱写了一部革命英雄主义的壮丽诗篇，被誉为"第二次长征"。

资料来源：

《王震传》编写组著：《王震传》，人民出版社 2008 年版。

组织纪律

崔显堂用生命践行入党誓词

崔显堂 1896 年出生于河北省宛平县七区田庄村（今属北京市门头沟区）。他自幼四处拜师习武，练得一身好武艺，并且为人豪爽，乐善好施，常常帮助乡亲邻里，受到乡亲们的敬重。同时，他在田庄村第一位共产党员崔显芳的帮助下，逐渐向中国共产党靠拢，走上了革命的道路。

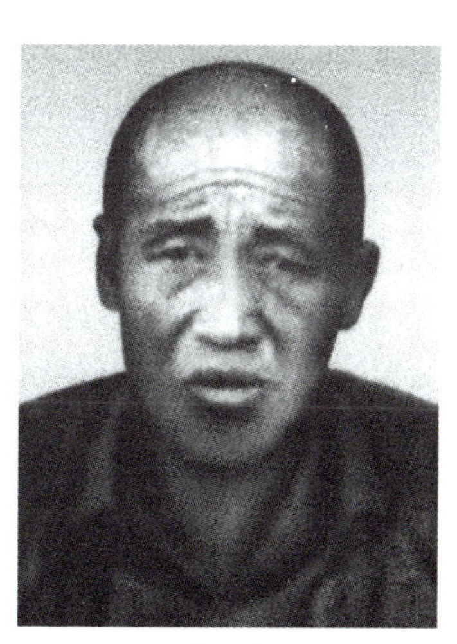

崔显堂

1937 年 7 月 7 日，震惊中外的七七事变爆发，事变就发生在宛平县城。1938 年秋天，八路军的一支队伍来到田庄村

崔显芳

附近活动。崔显堂得知后，便立即邀请部队中的一位团长来到田庄村，给大家讲述党的抗日方针和政策。通过讲述，使崔显堂坚信，只有跟着中国共产党走，才能打败日本侵略者，解放受奴役的乡亲们。次日，他便动员村里的年轻人参加八路军。这年冬天，经宛平县七区宣传委员兼田庄村党支部书记崔兆春介绍，崔显堂加入了中国共产党。

一、从积极抗日到出任伪乡长

1939 年，八路军部队开始以田庄所在的斋堂川为中心，建立和发展平西抗日根据地。很快，日本侵略者便将魔爪伸向平西根据地的抗日军民，于 1939 年先后三次发动了残酷的“扫荡”。崔显堂积极配合八路军开展反“扫荡”活动。他在村党支部领导下，积极组织发展农会，宣传党的抗日救国主张，动员青壮年参加抗日队伍。为了缓解平西根据地经济上的严重困难，1941 年，田庄地区党组织决定成立合作社，崔显堂担任合作社主任。他不辞辛劳，努力经营，既补充日用品方便群众，又千方百计为党的活动提供便利，还为八路军筹集后勤物资。

尽管敌人“扫荡”的气焰十分嚣张，但田庄地区群众抗日情绪却日益高涨。1942 年开始，敌人集中了在华北的全部力量，针对党领导的敌后抗日根据地，开展更为疯狂、更加惨无人道的“扫荡”。5 月，日军占领斋堂川地区，并在田庄设立据点，进行殖民统治。在这严峻的形势下，合作社被迫停办，崔显堂带领大家进行艰难的坚壁清野、保存财产工作。他常常看着敌人在村口建起的高高的炮台，默默地对自己说：“一定要斗争到底，直到把日本鬼子赶出去！”

然而，他没想到，一项比挺身而出英勇斗争更为艰巨的任务，很快便落在了他身上。一天，七区区委书记崔兆春来到崔显堂家，郑重地向他传达党组织的决定：“显堂同志，鉴于田庄村原党支部已在社会上公开，现在已经没有办法工作。为安全起见，上级党组织不再与这个党支部直接联系，而是决定成立秘密党支部，你当书记。从今以后，整个田庄地区秘密党支部的工作全部由你负责。上级有事就会直接联系你。”

田庄村党支部旧址

崔兆春话音刚落，崔显堂便爽快地答道："我坚决服从组织决定。没啥说的，这个秘密党支部的工作，我干！"

"很好。但是，显堂同志，我还有个事情没说完。现在田庄缺一个乡长。我们打听到日本人看中你在村里有威望，可能会让你来当这个伪乡长。"

"兆春同志，你放心，同时也请你向组织转达我的态度。我崔显堂就是死，也绝不会给鬼子做事！"

"不，不，显堂同志，你误会我和组织的意思了。组织的决定是，希望你来出任这个伪乡长。"

七七事变后的宛平城墙

"这怎么可能？我死也不当狗汉奸！"

"你别着急，听我说完。显堂同志，西游记你知道吧，里面孙悟空为了借芭蕉扇，钻到了铁扇公主的肚子里头。我们现在就希望你去做钻到敌人肚子里头的孙悟空。你表面上是做伪乡长，实际上却可以保护乡亲们，同时替党组织和八路军搜集情报。”

崔显堂听完，仔细想了好一会儿，然后对崔兆春说：“兆春同志，我想好了。为了完成党交给的任务，为了早点赶走鬼子，我就是豁出命来，也去做这个伪乡长。”

“很好！不过，显堂同志，有一条纪律我要先跟你讲明。这件事情，只有你一个人知道，就是妻子孩子，也不能透露半点。”

“放心！我保证完成任务，保证不泄露秘密！”

二、誓死保守秘密

崔显堂当了伪乡长的事情传开后，整个田庄的人都不敢相信。许多群众乃至亲朋好友都对此表示十分不理解和愤怒。有的朋友气愤不已，找到崔显堂，指名道姓骂他是汉奸走狗，愧对祖先；有的人则在背地里对他指指点点，表示鄙视；有的人感到十分可惜，叹息道：“人心隔肚皮啊，真是没想到啊，平时乐善好施的崔显堂也会去当汉奸。真是可惜了他的一身好武艺！”

让崔显堂感到压力巨大的，除了来自亲朋好友的口诛笔伐，还有日本人的贪得无厌和残暴行径。在田庄据点的日本人，隔三岔五便找到崔显堂，要粮、要钱甚至要“花姑娘”。

自从接受担任伪乡长的任务开始，崔显堂就把个人安危以及荣辱抛到一边，一心想着怎么保护群众、援助同志。他假意接受日本人的“指令”，尽可能地找到一些钱粮交给日本人。同时，他每次都会找准机会，想方设法营救俘虏，拒绝给日本人找“花姑娘”。日军责问起来，他总是推脱说：“‘花姑娘’都跑光了，真的找不到。”日军气愤不已，便拿崔显堂出气，责骂他“办事不力”，对他拳打脚踢。为了保护群众和同志，崔显堂只能忍气吞声，一个劲儿地赔不是，“求”日本人住手。

就这样，一次一次地，遍体鳞伤的崔显堂拖着沉重的步伐，从日军据点走回家去。有的群众见到后，怀着对汉奸的不齿，在背后狠狠地说：“让你要当汉奸！活该受这罪！”也有的群众觉得他似乎和别的汉奸不太一样，起码还有点儿良心，没有为虎作伥、鱼肉百姓，因此每每劝他赶紧收手，逃离田庄。

此外，崔显堂还经常利用伪乡长的身份，偷偷给八路军送情报，使田庄据点的日军吃了不少败仗。时间久了，日军便起了疑心，开始暗中关注、调查崔显堂。

一天，日军以“工作不力”为由，把崔显堂抓进据点，严刑拷问他是否泄密。崔显堂早已准备好说辞，没有露出一丝破绽，最后被日军放了回去。过了几天后，日军又把崔显堂抓进据点，关了起来，不给吃喝，日夜打骂，想要撬开崔显堂的嘴。崔显堂死活不肯松口，咬定自己不是共产党，从头到尾只有一句话："我是良民，是乡长，不是共产党。"

受尽折磨之后，崔显堂回到家中。妻子一边为他擦洗皮开肉绽的身体，一边哭着劝说他："显堂，咱们不干这个伪乡长了，好不好？吃力不讨好，要被日本人打，还要被乡亲们戳脊梁骨，你这是何苦呢？"面对泪眼婆娑的妻子，崔显堂心里万分的难过。但是，他必须坚守党的纪律，不能将实情告知妻子，只好安慰说："这个伪乡长，我不干，总有人要干。我干了，好歹也能让乡亲们少受点儿祸害，少交点粮和钱，我吃点苦受点罪，也没什么。"妻子听了，只能无奈地点点头。

后来，有些以前要好的朋友也来看望崔显堂，劝他道："显堂，别当这个乡长了，出去躲躲，我们给你安排一下。"听了朋友们的劝告，崔显堂不禁伤心地流下了泪水，他难过地说："大家的心意我领了，可是我不能走，不能离开这份'差事'啊。"听了崔显堂的话，朋友们都有些生气，说道："你真是榆木疙瘩不开窍，我们好说歹说，也只能提醒你到这里了。"就这样，帮助崔显堂的人越来越少。但是为了党组织交给的任务，他仍旧一个人默默地坚守着。

三、死守秘密到去世

1942 年 7 月的一天，日军突然包围了崔显堂家，将浑身伤病的崔显堂第三次抓进了日军据点，进行严刑拷打，逼问他是否是共产党员。一个日军举着烧红的烙铁，威胁道："崔乡长，你赶快说实话，你到底是不是共产党？说了实话，就可少受点苦。”崔显堂抬起头，眼睛也不眨一下，镇定地说：“我不是共产党！我是乡长。”崔显堂话音刚落，日军便将烧红的烙铁按在他的背上，皮肉吱吱作响，烧焦的气味弥漫开来，崔显堂疼得死去活来，但仍咬紧牙关，丝毫没有泄露党的秘密。

这时，日军一个小队长走了过来，恶狠狠地说道：“崔，你说，你是不是共产党？不说的话，今天就杀了你！”崔显堂早已抱定为党牺牲的决心，他仍旧还是那句话：“我不是共产党！我是乡长。”日军小队长听了，气得哇哇大叫：“不说，好，那你就等死吧！”

7 月 19 日，被折磨得奄奄一息的崔显堂被日军蒙上双眼，拉到一个事先挖好的土坑旁。日军小队长撕开蒙在崔显堂眼睛上的黑布，一脚踏在他的胸口上，大声说：“崔，我最后一次问你，到底是不是共产党？”崔显堂没有说话，只是轻轻一笑，摇了摇头。日军小队长见了，摆了一个手势，示意手下行刑。就这样，崔显堂被推进了土坑，带着他永远没有说出的秘密英勇就义了。

然而，崔显堂牺牲后，很长一段时间里，他的家人和周围的群众并不知道崔显堂的秘密党支部书记的身份。家人们为他的去世感到伤心难过，部分群众也觉得他有点骨气，为他感到惋惜。然而，相当一部分群众还是认为他是汉奸，不值得为他的死而难过。直到 1978 年，当年的区委书记崔兆春回乡探亲，向大家说明了真相，所有人才恍然大悟："原来崔显堂是地下党，不是汉奸。他一直坚守秘密，作为党员默默保护着群众。" 1983年，崔显堂被正式追认为革命烈士。

"遵守党的纪律，保守党的秘密。" 革命烈士崔显堂用自己的生命践行了自己的入党誓言，书写了一曲对党忠诚的生命赞歌。

资料来源：

中共北京市委组织部、中共北京市委党史研究室编：《向榜样学习》，北京出版集团公司、北京出版社2016年版。

“为什么要开除刘力功党籍”

全面抗日战争爆发后，由于中国共产党抗日热情高涨、政策积极，这使当时的延安成为民族革命的“圣地”。为了拯救危难中的国家和民族，大批热血知识青年和进步人士不远千里，历经艰难，慕名来到延安参加革命。一时间，中共党员人数大量增加，基层党组织迅速发展。然而，伴随着党员队伍的不断壮大，党员成分和思想状况自然而然地也比过去更为复杂，教育、训练党员的任务更加迫切。许多党员虽然怀着一腔热血、向往革命，加入了党组织，但对怎样做一名合格的共产党员、如何执行党的纪律，并不是特别清楚，因而产生了许多自由散漫的思想和行为。

这些现象的出现引起了时任中共中央组织部部长陈云的关注。他清醒地认识到：“这些新党员极大部分是散漫的小资产阶级的成分。他们为追求真理，愿意为共产主义奋斗，加入了共产党，我们欢迎他们。但是，他们之中的许多人还带着浓厚的非无产阶级的思想和习惯。”陈云一贯强调党的纪律，曾指出：“一个革命的队伍必须有铁的纪律，来保障完成革命的任务。中国共产党和八路军如果没有铁的纪律，也就不会存在，不可能发展到现在这样。革命的纪律一定要遵守，希望同志们不要违犯革命的纪律。”为此，从解决刘力功的问题入手，陈云组织了一场热烈的讨论，以解决教育、训练新党员的问题。

陈　云

一、刘力功被开除党籍

刘力功是个知识分子，在全民族抗日的大潮中，与许多知识青年一起奔赴延安，要求抗日。由于初期表现良好，他于1938年加入中国共产党，在抗日军政大学（简称“抗大”）毕业后又进入延安党校训练班学习。

刘力功在延安党校毕业时，党组织经过研究决定，让他到基层去锻炼。这不仅是从刘力功的自身条件和实际情况出发的

中国抗日军政大学旧址

选择，也是抗大和延安党校毕业分配的原则。然而，刘力功却不服从党组织的安排，坚持要进马列学院学习或回原籍工作，否则就退党，态度极为强硬。

中央组织部部长陈云和刘力功所在的党组织对此十分重视，曾七次找刘力功谈话，耐心对他进行开导，帮助他认识基层工作的需要和组织分配的原则。然而，刘力功仍然执迷不悟，拒绝党组织的帮助。在最后一次谈话中，党组织郑重地告诉他："个人服从组织，是党的纪律，要你去华北基层工作是党的决定，必须服从。"并给了他一段时间反省自己、认识问题。然而，刘力功漠视党组织的再三教育，不仅不去华北基层，反而变本加厉地提出"一定要到八路军总司令部工作"，党组织不同意，他就干脆拒绝执行党的决定。在对其再三挽救无效的情况下，中央党务委员会认为，党已尽最大努力说服教育刘力功，但他仍不服从党组织安排，违犯了党的纪律，又不接受党的教育，不愿改正自己的错误。因此，中央党务委员会决定开除其党籍，并公布于全党。

二、针对刘力功问题开展讨论

对于刘力功这样目无组织、目无纪律的共产党员，对其进行过教育的陈云心情十分沉重。通过对刘力功的处理，陈云看到一些从国民党统治区奔赴延安的青年知识分子，由于年轻、有专业技术，怀着所谓的远大理想，容易居功自傲，看不起工农干部，把一些小资产阶级思想和自由主义带到工作、生活和学习中，带到了党内。他们在工作上讲条件，生活中求待遇，学习中图虚名，产生了极坏的影响。

陈云等党的领导敏锐地察觉到，如果不及时纠正这种风气，就会影响抗日战争的士气，挫伤前方抗日将士的积极性。1939 年 5 月 23 日，陈云撰写了《为什么要开除刘力功的党籍》一文，剖析这一事例，强调了严格遵守党的纪律的极端重要性，指出党内不准有不遵守党的纪律的“特殊人物”和“特殊组织”，“分配党员工作时，党固然要考虑到个人的特长，但主要还是决定于党的工作需要。究竟一个共产党员在党分配工作时有些什么权利和义务呢？只有说明自己意见的权利，只有在党决定以后无条件地执行决议的义务。除此之外，决不能增加一点权利，也决不能附加一个条件，否则就违犯了党的纪律”。

抗大的图书阅览室

陈云旗帜鲜明地指出：坚决听从党的指挥，不但要做到“党叫干啥就干啥”，还要做到“党不叫干啥就不干啥”。党员对党的决议和政策如有不同意见，在坚决执行的前提下，可以声明保留，并且可以把自己的意见向党的上级组织直至党中央提出，但决不允许自行其是、阳奉阴违。“今天处在抗日战争的时代，共产党员遵守党的纪律是胜利的必要条件”，要求全体党员要自觉遵守党的纪律。

陈云的文章在中央机关刊物《解放》杂志发表之后，很快在延安引起了一场“为什么要开除刘力功党籍”的大讨论。陈云专门抽出时间，参加机关、学校的大讨论，在多个场合语重心长地与大家交流：“中国革命是长期艰苦的事业，共产党及其党员没有意志行动的统一，没有百折不回的坚持性和铁的纪律，就不能胜利。中国是一个小资产阶级成分占优势的国家，如果中国共产党没有严格的纪律，将无法防止小资产阶级意识侵入党内。如果党不是有铁的纪律的队伍，就不能去团结最大多数的人民群众。因此破坏党纪，实质上就是破坏革命，我们必须与任何破坏纪律的倾向作斗争。”

三、以刘力功为戒

有关刘力功问题的大讨论和陈云的文章，在延安各机关和学校引起了极大震动。广大干部、学生纷纷检查自己的小资产阶级思想，检查自己是否以一个共产党员的标准来严格要求自己。

然而，在这种情况下，仍有少数几名干部对党组织分配的任务有顾虑，不愿意接受。陈云知道后，便亲自作出决定：在党最需要的时候，这些干部不服从党的调配，不够党员资格，必须对这批干部进行处分。

有顾虑的干部知道后，马上表示：“我们打消了顾虑，一定会服从党的调配。”在这时，坚持原则丝毫不放松的陈云，

认真地按照党的原则和纪律秉公处理，答复说："不行了，你们在这次考验面前没有通过。"最后，决定将这几名干部降成候补党员或预备党员。这件事的处理，同样对延安的党员干部有深刻的教育作用。

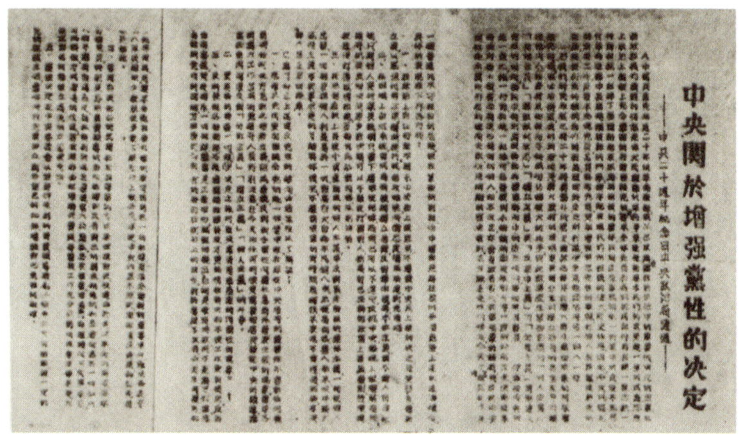
中央關於增強黨性的決定

1941 年 7 月，中共中央发布的《中央关于增强党性的决定》

至此，党中央对刘力功等问题的处理，在延安的各机关、学校的干部中引起很大震动，对党员干部的教育、训练产生了积极的影响。一时间，延安出现了三少三多的现象：讲个人要求的少了，服从组织分配的多了；图安逸比享受的人少了，要求到前线和艰苦地方锻炼的人多了；自由主义现象少了，严守纪律的人多了。一个严守法纪、团结奋进的氛围悄然形成。越来越多新入党的党员迅速养成了恪守党的纪律、坚决服从党组织决定的习惯。

在刘力功事件中，正是通过陈云等人的努力，使大家切实体会到，纪律与自由是矛盾的统一体。中国共产党是最有纪律的党，也是最讲民主的党。强调纪律并不妨碍党员应有的权利。当党组织的决定与个人意见不符时，党员必须无条件遵守党组织的决定，同时，也可以保留不同意见甚至上诉。这样，才是纪律与自由的统一。

资料来源：

1. 中国延安干部学院编：《红色延安的故事　清正廉洁篇》，党建读物出版社 2016 年版。

2. 中共中央文献研究室编：《陈云文集》（第一卷），中央文献出版社 2005 年版。

重建冀东抗日根据地

1937年7月抗日战争全面爆发。8月，中共中央决定在冀热边区开展游击战争，创建抗日根据地。1938年七八月间，在中国共产党的领导下，在八路军第四纵队的帮助下，冀东武装起义先后在滦县、丰润县爆发。起义的初步胜利以及起义过程中冀东抗日联军的组建，极大地鼓舞了冀东、热南（热河南部）广大地区的人民，起义浪潮很快波及20多个县，参加起义的人数达20余万，抗日联军发展到7万余人，其他抗日武装近3万人。

冀东人民的抗日武装暴动引起日寇的极大震惊，他们抽调大批军队进行疯狂反扑。鉴于参加暴动的抗联队伍形成不久，政治素质不高，战斗力较弱，而且供给也有困难，八路军决定由李运昌等率领抗日联军转移至平西根据地进行整训，同时留下少量八路军建立了3个支队，在冀东地区继续坚持游击战争。1939年，在敌人的反复围攻和“扫荡”中，冀东游击区刚刚形成的多块小面积游击区受到压缩、破坏，有的重新变成日伪军占领区，有些地方沦为土匪盘据的巢穴。冀东游击区的群众抗日情绪再次受挫。当时，冀东游击区只剩下七八个县，部队仅有包森所领导的第二支队200余人，难以维持当地的抗日局面，以致游击区的稳定受到了严重的威胁。

一、李运昌回到冀东

1939年夏天，李运昌率部回到冀东，与包森部汇合。原来，抗日联军赴平西后，同样遭到敌人的围追堵截，经过连日苦战，战士们疲惫不堪，每天都有伤亡减员，部队濒临山穷水尽的境地。李运昌率领仅存的130人，历经千辛万苦才回到冀东。二人再度见面，双手紧紧地握在了一起。“哎呀，司令员，你可回来了！”包森说完，松开紧握的双手，向李运昌行了一个标准的军礼。

李运昌

接着，包森向李运昌介绍了抗日联军赴平西整训后冀东的情况。包森说："这次上级只给我们留下一文一武二人，一文是周文彬，一武是我包森。你再不回来，我真不知道下一步该怎么办了。"周文彬时任中共冀东地委书记，主要负责领导冀东东部地区的抗日斗争。

很快，李运昌便和包森在遵化鲁沟寨找到了周文彬。周文彬见到李运昌后，首先讨论抗日联军转移的问题。周文彬提出："这次拉走那么多的兵力到平西整训，暴露出来的问题是非常清楚的，那就是信心问题，是否有建立冀东根据地的信心。事实上，在我们同志当中确实存在一种意见，认为孤悬敌后的冀东难以建成一个抗日根据地，因此才产生'捞一把'就走的想法和做法。对这种想法和做法，我们要进行检讨。"

李运昌说："这次赴平西的计划，中央北方分局，聂荣臻、彭真等领导同志都不知情。现在，他们命令我来组织冀东剩余的部队，组建八路军第十三支队。这也说明上级有坚持在冀东开辟根据地的决心，我们一定要抓紧时机，壮大队伍，重新把冀东抗日的大旗竖起来！"

包森说："八路军的邓华支队是第十一支队，宋时轮支队是第十二支队，我们冀东的部队是第十三支队。这担子不轻，责任重大，可惜我们现在人太少了，力量太弱了。"

李运昌安慰道："放心，办法总比困难多。冀东群众基础好，抗日联军许多被打散的战士也会陆续回到冀东，到时候，我们就不愁部队人不够了！"

二、把党的建设工作摆在首位

包 森

随后，李运昌、包森和周文彬等一起召开会议，李运昌在会上传达了北方分局的有关决议和指示精神。1939 年 6 月中旬，中共中央北方分局在唐县军城召开会议，决定八路军不再大规模挺进冀东，冀东不再发动第二次暴动。冀东的坚持与发展，主要依靠冀东的党组织、冀东人民的艰苦斗争。北方分局指示，要成立冀热察挺进军和区党委，领导冀东游击战争。这一指示，将促进冀东地区实现党、政、军统一领导，结束互不隶属的局面。李运昌、包森、周文彬均对此表示热烈拥护。为了稳定冀东局势，克服悲观情绪，他们立即以饱满的热情投入新的工作，着手制定新的行动规划。

然而，摆在他们面前的首要问题是，冀东地区的部队全部加起来不过 1500 人，如何应对冀东日渐严峻的形势，对此李运昌在会上说："我给大家带来了上级的指示，这是给大家最好的礼物。只要我们能够把上级的指示和冀东的实际结合起来去工作，我们就能创建起冀热边根据地，不辜负党和人民的希望。”

为了进一步解释，李运昌继续说道：“冀东起义后，冀东各地共产党员绝大部分转移了，导致冀东本地基层组织不健全，多数党员流散各地，和党组织失去了联系，这是冀东革命事业遭受重创的重要原因。因此，在起义期间没有始终把党的工作摆在首位，这是一个大错误，一个极其危险的错误。党和党的工作是我们的生命线，比我们的生命还重要。创建根据地的工作，建立抗日政权的工作，都必须把党建摆在首位。上级党组织说冀东的条件好，有建立抗日根据地的条件和基础，首先讲的是冀东的地方党组织基础好；党员的素质好，讲的是党的思想政治工作做得好，群众觉悟高。”

冀东部队在塞外的宿营地

周文彬说：“司令员，你们赴平西期间，我们在群众的积极分子中发展了一批立场坚定、工作能力突出的党员。这些党员骨干，我没有派到部队里，全部都放在地方隐蔽起来，做地下秘密工作。现在，可以派上大用场了。”

“好！这些骨干，都是我们的革命火种啊！”李运昌高兴地说道。

三、加强党的建设成效明显

会议结束后，李运昌、包森、周文彬即率领党员骨干，在恢复地方工作、收拢部队的同时，重点开始做联络失散的党员、发展新党员及恢复基层组织的工作。他们按照分工，分别到冀东地区的东部、西部及北宁路南各地开展工作。很快，各地的基层党建工作便红红火火地开展起来了。

周文彬

丰润县、滦县、迁安县的交界地区，由于党组织基础较好，经过一段工作，先后在丰润县小岭鄱、王官营、霍庄、东西高庄一带和滦县榛子镇、杨柳庄、西新庄、李家沟一带发展了一批新党员，建立了党支部。同时，还派党员深入到滦河以北、唐山南部以及唐山德盛窑业厂发展党员并建立了党支部。

在丰润县、玉田县、遵化县的交界地区，分别在玉田县大山王庄一带，遵化县池家屯、杨官村，丰润县大旺庄、仰山、南夏庄等地发展党员并建立了党支部。

在西部地区，先后在蓟县城南及桑梓、马坊、黄旗庄一带，城东的团城太平庄、六百户、穿芳峪和城西北盘山、下营一带，发展了新党员，重新组建了党支部或党小组。

在北宁铁路以南地区，路南办事处和昌乐办事处的党员分散隐蔽活动，在滦县、乐亭县农村联络失散的党员恢复和建立党支部或党小组。

经过一段艰苦努力，恢复、重建党组织工作有了很大的进展。到 1939 年 7 月，冀东区党分委成立时，冀东地区已恢复发展党员 300 余人，重建了一批基层党支部或党小组。10 月，建立了中共丰（润）滦（县）迁（安）联合县委员会。

冀东抗战纪念馆

基层党组织的逐渐恢复发展，效果极为明显，在反“扫荡”中发挥了重大作用。在党组织的统一领导下，各地党组织积极扩大统一战线，团结各阶层人民，支持游击队的战斗活动。当日军纠集庞大的部队，疯狂进行“扫荡”时，游击队就化整为零，分散活动，甚至化装成老百姓，在党组织发展的堡垒户、堡垒村中隐蔽。当游击队向日军出击时，党组织又动员群众，为游击队提供情报、站岗、带路等支持游击队的军事行动。反过来，随着游击战争的发展和游击区的扩大，基层党组织也逐渐发展壮大。由星罗棋布分散的隐蔽点，逐渐连成片，形成星火燎原之势。这些都充分证明了，着力加强党的建设，重视发挥基层党组织的战斗堡垒作用，是冀东抗日游击战争能够坚持和发展下去的关键。

资料来源：

邱尚周著：《山高水长　李运昌烽火岁月》，解放军出版社 2006 年版。

蒋忠给新党员上特殊党课

1939 年，在抗日战争进入相持阶段以后，日本帝国主义停止了正面战场的战略性进攻，把对国民党政府以军事进攻为主、政治诱降为辅的方针，转变为以政治诱降为主、军事打击为辅。在这种情况下，国民党统治集团中亲日派和英美派发生分裂，汪精卫亲日集团公开投敌，亲英美的蒋介石集团则继续留在抗战阵营中。但是，他们也表现出很大的动摇性，先后发动了三次反共高潮。1941 年 1 月发生的震惊中外的皖南事变，便是国民党顽固派第二次反共高潮的最高峰。

一、被委任为富阳县特派员

在抗日战争初期，领导浙江省金华、衢州地区工作的中共金衢特委，严格贯彻周恩来在浙江各地视察期间对党的工作提出的“巩固重于发展，质量重于数量”的指示，使党组织在发展中得到巩固，在巩固中又有了发展。1940 年 7 月，中共浙江省委为了适应斗争形势，加强对金华、衢州地区的领导，将金衢特委分设为中共金属特委与中共衢属工委。1941 年 10 月，由于皖南事变后斗争形势进一步恶化，金属地区党组织遵照省委指示，改党委制为特派员制，实行单线领导。在此情况下，蒋忠被中共金属特委任命为富阳县特派员，领导开展富阳地区党的工作。

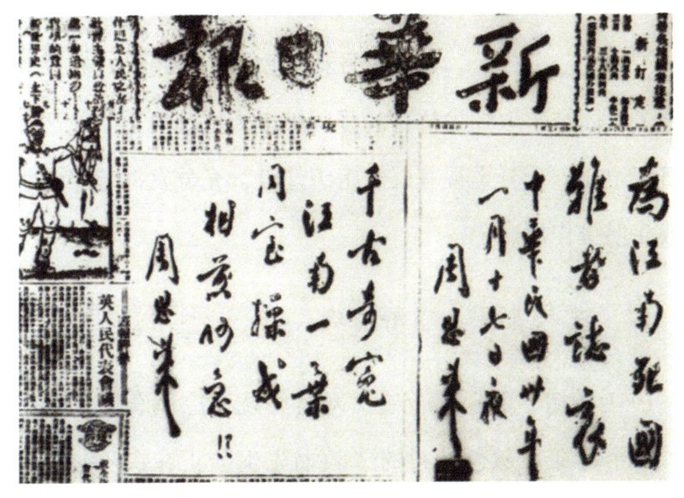

新华日报

为江南死国难者志哀
中华民国卅年一月十七日夜
周恩来

千古奇冤
江南一叶
同室操戈
相煎何急!!
周恩来

皖南事变后出版的《新华日报》

蒋忠是富阳本地人，1930 年春加入中国共产党，1931 年因领导农民暴动被捕入狱。在狱中他积极参加绝食、越狱等斗争，努力完成党组织交给的任务。全面抗日战争爆发后，蒋忠

蒋　忠

被释放出狱。他受中共金衢特委委派，担任中共浦江县委书记，领导人民群众开展革命斗争。仅一年多时间，他就发展了 80 多名党员，恢复和建立了五个区委。1941 年，他被任命为富阳县特派员后，勇敢接受任务，在极端困难的情况下，乔装打扮，深入乡村、群众，组织发动共产党员和积极分子宣传党的抗日救国政策，揭露汉奸和反共顽固分子，团结争取拥护抗日的爱国绅士为抗日出力。他严守党的组织纪律，十分重视基层党组织建设，充分发挥基层党组织的战斗堡垒作用。

二、深入基层，了解情况

1941 年初冬的一个夜晚，寒月朦胧，冷风袭人。趁着月色，一个身穿青灰色长衫的“教书先生”正在快步赶路，他沿着金华山区的羊肠山路，越过潺潺溪流，向山区的深处前行。走了很久，他终于来到一处有烟火的村庄。他没有径直进村，而是绕到村后的小山坡，捡起地上的石子，对准一处十分破落的房屋的屋顶，掷出了石子。

“叮叮叮”“叮叮叮”“叮叮叮”，小石子轻轻落在屋顶的

关押蒋忠的国民党监狱

瓦片上，发出三串清脆的响声。破落房屋里，有一位大娘，正躺在床上，竖起耳朵注意屋顶的声音。当大娘听到屋顶上这熟悉的三声暗号后，顿时喜上眉梢，喃喃自语地说："自己人来了。"她立即起身，悄悄地走下楼梯，轻轻地开了门。

"姆妈！您好！我来了！"

"蒋忠啊！正在记挂你们呢，快上楼！饭我一会儿拿上来。"

大娘名叫申屠生美，当时已经55岁。她们一家都支持、拥护共产党，对党一片赤诚。凡是来到申屠生美家的地下党员，都被她待如亲人。因此，蒋忠亲热地叫她"姆妈"。

申屠生美丈夫早逝，独自一人辛苦拉扯两个儿子长大成人。大儿子汪阿小，是党支部委员；小儿子汪柳堂，也已入党。蒋忠进门后，兄弟俩听到母亲下楼，也急忙起身，在楼梯上迎着蒋忠，高兴地边谈边走，领着蒋忠走进了汪阿小的卧室。

只见卧室的陈设相当简陋，只有一张硬板床和一张破旧的桌子，桌上放着一截三寸高的松木，上面摆着一盏积满油污的青油灯，发出昏暗的灯光。窗外，是一片僻静的空地，围着矮墙，视野开阔，便于观察。

蒋忠警惕地观察了一番周围的情况，草草吃过一些申屠生美准备的晚饭，便开始准备开会。很快，村里其他六名党员，经过暗号联络，也都被汪氏兄弟悄悄地迎入房内。这些党员多是新入党的同志。众人见了蒋忠，都低声亲热地问长问短。蒋忠和大家围坐在一起，开门见山，首先请大家各自谈谈今年秋收后的生活情况。

支部书记汪阿金首先发言，他说："我家的情况大家也都知道。前年遭了火灾，损失严重，今年租种了三亩薄田，每亩只能收三石多谷，而每亩的地租却要二石三斗。"说到这里，他垂下头，叹了口气，说："哎，真是还没到开春，家里就要断粮了。"党员汪荣昌接着发言，说："我父亲患病，长期卧床。我们无钱医治。今年租种了一亩八分田，每亩租谷两石，一共要缴三石六斗。一年到头，辛辛苦苦，结果无米下锅。"支部委员申屠阿讨也说："我家无寸土，也无房屋，就靠做短工度日。做一天工，只有两角钱，只能买两升米，现在农闲开始，财主人家还要拣力气大的人去做，这个世道，咱们穷人真不知道如何活下去。”

三、一堂特殊的党课

蒋忠认真地听完了同志们的发言，时不时拿笔记录。大家说完之后，他放下笔，用无比同情的眼神看着大家，然后缓缓地说道：“同志们，刚才大家讲的，我认为中心问题就是劳动者为什么没饭吃。大家想想，财主不劳动，却吃的油、穿的绸，为什么？我们天天累死累活，却吃不饱、穿不暖，为什么？问题的根子，就在社会制度上。俗话说，‘当兵靠枪，农民靠土’。这土地、山林，就叫作生产资料，现在都是私人所有，而且90%以上的土地、山林，被极少数的地主、官僚霸占着。他们可以用出租、雇工、放高利贷等办法剥削没有生产资料的贫苦农民。这样，剥削阶级就能不劳而获，被剥削者做牛做马，却无所得，或者只能多劳少得。这就出现了今日社会上这种极不合理的现象。而国民党反动派就是代表剥削阶级的利益，保护这个人剥削人、人压迫人的社会制度的。我们参加了共产党，共产党闹革命的目的，就是要依靠党的领导和人民的力量，彻底推翻这个人剥削人、人压迫人的社会制度。一旦革命取得胜利，劳动人民就翻身当家做主人了，生产资料全归劳动者所有，社会实行‘各尽所能，各取所需’的办法。到了那个时候，生产发展，农村里还要办工厂、建学校、办医院。大家吃得饱、穿得暖，人人有书读，治病有大夫。”

蒋忠层层深入的讲述，使大家听得津津有味、喜笑颜开，忍不住相互交谈起来。汪阿小见了，高兴地用短棒把青油灯里的灯草拨高，霎时间，房间里明亮了许多，大家脸上的笑容也更加清晰了。

蒋忠摆了一下手，示意要大家保持安静，提高警惕。他继续压低了声音说：“当然，干革命是为了人民的彻底解放，是先苦后甜的。这幸福的将来，要靠我们现在艰苦努力地去争取。当前，我们的任务，一是积极向群众宣传党中央提出的抗日救国十大纲领，万众一心救中国，这是当前最重要的工作。二是要做好搞武装斗争的准备。在安徽和苏北的新四军驻地，党组织领导青年组织了民兵，站岗放哨、抓汉奸、打日本鬼子和国民党反动派，要让他们插翅也飞不进去。在我家乡的村子里，有些青年也要求弄枪搞抗日武装。咱们村也不能落后啊！”

支部书记汪阿金听了，拍着大腿说：“特派员说得对！我们也要做好准备，向群众宣传，搞抗日武装。特派员，你就下达指示吧，我们一定完成好任务。”其他党员听了，也纷纷表示赞同，积极要求蒋忠下达具体指示。汪阿小想了想，又提出要求说：“特派员，我们都是新党员，没有文化，缺少党的知识，我要求领导给我们多上党课。”

蒋忠一面点头，一面微笑地看着大家。对于各位党员表现出的精神面貌和工作热情，他感到十分欣慰，便说："大家不要着急，具体的工作还需要你们多去调查研究，了解实际情况，我们才好部署。至于党课，同志们的愿望，一定要满足。今后，会定期安排同志前来给大家上党课。今天，就当成是我们的第一堂党课吧！"

窗外树影婆娑，屋内人们笑逐颜开，在白色恐怖的氛围中，红色的种子正在顽强地发芽。

资料来源：

《解放军烈士传》编委会编：《解放军烈士传》（第九集），长征出版社 1994 年版。

铁窗中的斗争

全民族抗日战争期间，主政新疆的盛世才为了维护自己在新疆的军阀统治，曾一度实行亲苏亲共政策。他清除了英、日等国在新疆的势力，与苏联签署了大量协议。

毛泽民

1937 年，中国工农红军西路军左支队进入新疆。1938 年 2 月，盛世才征得中共中央同意，从原西路军左支队成员中挑选了许多共产党员到新疆省政府各部门任职。同年，中共中央又应盛世才的邀请，从延安派干部来到新疆工作。其中，毛泽民、林基路等先后出任新疆省财政厅、民政厅厅长等职。1939 年陈潭秋回国，任中共中央驻新疆代表和八路军驻新疆办事处负责人。中共党员根据上级要求，在新疆工作时不公开党员身份，不发展党的组织，不吸收新党员。他们扎根群众当中，以自己的模范行动团结各民族群众，特别是进步青年知识分子和技术骨干，为建设新疆、巩固抗日后方、支援前线作战作出了许多贡献。

1941 年 6 月苏德战争爆发后，德军一度处于优势，逼近莫斯科城下。善于见风使舵的盛世才认为，如今苏德战争在苏联境内爆发，究竟什么时候结束，难以预测；即使苏联获胜，恐怕也不可能如过去那样有力地援助新疆。因此，盛世才选择投靠蒋介石。

陈潭秋

1942 年 9 月 17 日，毛泽民、陈潭秋等共产党员被盛世才逮捕。在狱中，敌人逼他们招认中国共产党在新疆搞“暴动”的所谓阴谋，逼他们脱离共产党，供出共产党的组织。毛泽民、陈潭秋等坚贞不屈，视死如归，保持了共产党员的气节。1943 年 9 月 27 日，毛泽民、陈潭秋等共产党员被盛世才秘密杀害。

其余的共产党员，则被盛世才捏造了所谓“阴谋暴动”的罪名，既未经过公审，也未经过判决，就被关押进监狱。他们被长期关押，遭受非人的折磨，却一直紧密团结在党组织周围，进行坚决的抗争。

毛泽民等中共党员初至新疆时的住所

一、铁窗生涯中的非人待遇

盛世才等反动派为了动摇在疆共产党员的革命意志，使用了许多非人的残酷手段。他们把共产党员投进阴冷、狭窄、潮湿、臭气熏天的牢房，每天只给几片发霉并且掺了沙子的高粱饼；牢房里还有令人难以入睡的臭虫，以及时刻监视动静的看守。这些恶劣的条件更激发起革命者超人的意志，誓与敌人顽强斗争。

凭着对党的事业终将胜利的信心，以及同志之间患难相扶的阶级友爱，幸存的共产党员不但顶住了难熬的非人折磨，而且把反动派的铁牢变成了磨炼自己的学校。

敌人隔离共产党员，他们就通过打通墙洞、在公共场所设置秘密信箱、空投假石子等办法，建立了通信网；各个监区互相通气、鼓励、商量等。这样，在敌人的监狱里，党的组织便无形中恢复了。

林基路

通过在狱中的通信，大家相互分析时局，探讨对敌斗争的策略，彼此鼓励与敌抗争到底。在敌人封锁了一切政治消息的情况下，大家想尽办法，不惜高价从看守或是其他犯人那里买来报纸，仔细阅读，从敌人的反动言论和报道中推测时局的动向，特别是党和敌后抗日根据地的消息。凭借对党的忠诚，大家在患难中更加紧密地团结起来斗争。

毛泽民、陈潭秋、林基路三位烈士遇害的消息传入监狱后，大家没有被吓倒，而是纷纷表示绝不辜负党的教诲，要踏着先烈们的血迹继续前进。入狱前，在《新疆日报》工作的共产党员李何怀着真挚的感情写下一首名为《母亲》的诗，表明大家怀念党的教导，并准备继续斗争到底的心迹：

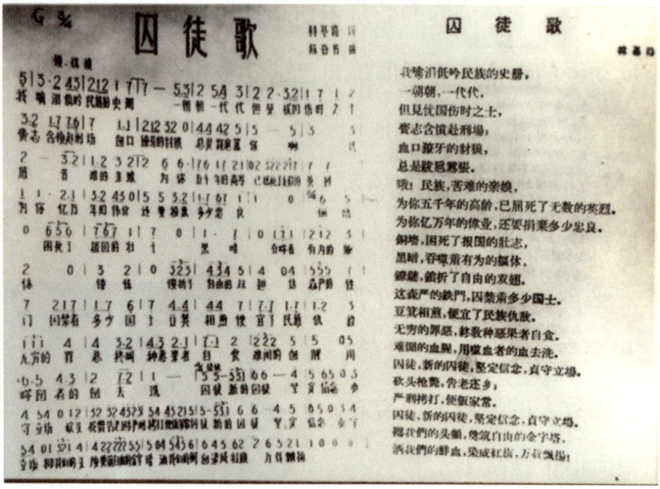

囚徒歌

林基路

我噙泪低吟民族的史册，
一朝朝，一代代，
但见忧国伤时之士，
誓志含愤赴刑场，
血口獠牙的豺狼，
总是欺压善良。
哦！民族，苦难的亲娘，
为你五千年的高龄，已屈死了无数的英烈。
为你亿万年的伟业，还要捐弃多少忠良。
铜墙，困死了报国的壮志，
黑暗，吞噬着有为的躯体，
镣链，锁折了自由的双翅。
这森严的铁門，囚禁着多少国士。
豆箕相煎，便宜了民族仇敌。
无穷的罪恶，終教种恶果者自食。
难闻的血腥，用喋血者的血去洗。
囚徒，新的囚徒，坚定信念，貞守立場。
砍头枪毙，告老还乡，
严刑拷打，便饭家常。
囚徒，新的囚徒，坚定信念，貞守立場。
掷我們的头颅，奠筑自由的金字塔，
洒我們的鲜血，染成红旗，万载飘揚！

林基路作词的《囚徒歌》

母亲呵，

多么怀念你！

我们的梦魂，

夜夜飞度天山，

回到你的身旁；

你的音容，

时时透过狱墙，

平落在我们的心坎。

是你的讯息，

加强我们胜利的信心，

是你的乳汁，

哺养我们无穷的力量。
牢狱——
僵死不了我们的思想，
黑号——
钝化不了我们的眼光，
镣铐——
锁不住我们的反抗，
皮鞭——
打不烂我们的硬骨头，
吆喝——
压制不了我们的怒吼，
饥饿——
改变不了我们的心肠。
母亲呵，
多么怀念你！
总有一天，
黑暗到了尽头，
屠场被踩平，
囚笼被打碎；
我们奋起自由的羽翼，
冲向光明的天空
投到你的怀抱！

二、发动绝食斗争

1945年7月下旬，国民党又发起了新一轮的反共高潮。胡宗南部奉蒋介石命令，袭击了陕甘宁边区的淳化、耀县一带。盛世才也趁机造谣，对狱中的共产党员说：“陕甘宁边区、八路军、新四军已经统统被消灭。”敌人企图通过这种方式吓唬、恐吓共产党员，殊不知狱中的党组织早就秘密弄来重庆《新华日报》，得知在党领导下，“已经发展了19个解放区，锻炼了100万正规军和220多万民兵”。

共产党员当场戳穿敌人可笑的谎言，使敌人恼羞成怒，更加残酷地对待狱中的党员。因此，伙食更加差了，高粱面里掺的沙子越来越多，无法咀嚼，只能吞下；米汤清得捞不到几粒米；菜也看不到任何油花。面对这种情况，在狱中党组织的领导下，大家决定举行集体绝食斗争。

大家在报纸上得知，1945年8月8日苏联对日宣战，10日苏联红军迅速击溃了日本关东军，日本政府被迫发出乞降照会。因此，党组织决定，在8月12日开始集体绝食。

当日，上午开饭时，二十几个监区的所有共产党员在统一组织下，异口同声地怒吼：“我们不吃，我们绝食！”监狱的看守们十分吃惊，急忙向监狱长报告。监狱长来了之后，一张事前经过大家详细讨论的集体绝食书递到了监狱长的手里。书信是由全体被捕的共产党员写给国民党新疆省政府主席吴忠信的。书信中，严厉质问吴忠信及其背后的盛世才：为什么把为中华民族解放斗争的共产党员长期监禁？书信中，还列举了种种虐待共产党员的事实，表明大家是被迫集体绝食。书信中，还提出了复食的条件，包括全体人员无条件释放回延安，改善医疗卫生，改善伙食等。

狱中党组织知道敌人不会善罢甘休，因此，在拒绝第一顿饭和发出集体绝食书以后，为了避免体力的消耗，使斗争能够持久，便指示全体百余名共产党员都不声不响地躺在床上。顿时，整个监狱变得静悄悄，只听见苍蝇的嗡嗡声。过道上不时有轻微的响动，那是看守们蹑手蹑脚在暗中观察共产党员的动静。

下午开饭时，看守们逐一问道："你们还吃不吃饭？"共产党员们一个个都躺着，无人理睬看守。看守们气急败坏地说："不吃，活该饿死！"敌人以为共产党员们饿不上一两顿，就会支持不住停止绝食。

敌人的如意算盘自有他们的道理，但他们低估了共产党员的意志。长期处在半饥饿状态中的共产党员们，饿了一整天，已经是五脏皆空，四肢无力。许多人肚子饿得咕咕响，从胃到食道一阵阵地痉挛，只好通过喝水延缓痛苦。就这样，大家熬过了绝食的第一天。

三、坚持就是胜利

第二天，许多人饿得脸色苍白，眼眶乌黑，心脏怦怦地乱跳。才20出头的李何也是一阵发饿，一阵发呕，难受的滋味好像饿着肚子乘船在大风大浪里颠簸。他揉着肚子难受，不揉肚子也难受；仰躺着难受，侧躺着也难受，趴着更难受。他想方设法转移注意力，一会儿咬嘴唇，把嘴唇咬到流血；一会儿咬牙齿，把牙关咬到发酸。甚至还从被角里摸出一包樟脑粉吞了下去，试图灼烧食道、肠胃，以痛觉掩盖难受的滋味。

看守们在共产党员们饿得最难受的这一天，故意在各个监区的门口，架起桌子，摆满大碗小碗的米饭、红烧肉和肉汤。他们一边大快朵颐，一边试图诱惑共产党员，假惺惺地对他们说："好饭好菜，请吃饭吧，不要饿坏了。"

昨天还凶神恶煞的看守，今天忽然满脸堆着笑容。共产党员们对他们的拙劣手段不屑一顾。对那些饭菜，党员们看都不看一眼。第二天，就这样过去了。

第三天，肠胃已经习惯于饥饿，大家倒不觉得十分难受了。只是周身酸痛、四肢发软、口干唇燥、头晕眼花。敌人则在这个时候，将饿得半死不活的党员们，一个个提出去审讯。当第一个同志被提审的时候，负责传递消息的同志立即发出警报，党组织迅速作出反应，通知大家做好精神准备，顽强对抗敌人审讯。

当李何被提审时，他已经有气无力，便推说走不动。敌人不肯罢休，强行将李何抬进审讯室，放到凳子上，由省警务处的一个科长和监狱长进行审问。敌人一边观察李何的身体情况和绝食斗争的决心，一边趁机进行思想攻击。李何已经头晕眼花、气若游丝，就索性半闭眼睛，不理他们的吆喝和谩骂，只在必要的时候回答一两句。当敌人说：“你们要回延安，现在陕甘宁边区共产党已经被消灭了，延安也不是你们的地方了，你回到哪里去?”在这个关键问题上不能置之不理。李何坚定地说：“不相信，要回延安。”敌人又诬蔑说：“共产党在整风，把知识分子都害死了，你还回延安去吗?”李何仍旧说：“不相信，要回延安。”敌人听了，火冒三丈，破口大骂：“你们的血液充满共产主义的毒素，你们都是不可救药的，统统得枪毙。”面对恐吓，李何满不在乎地说：“我们就是这样的，要回延安，随你们的便!”敌人无奈，只好将李何又抬回了房间。敌人通过审讯浇灭共产党员精神斗志的企图就此落空了。

第三天、第四天过去了。狱中的全体共产党员继续静静地躺在炕上，没有一个人复食。第五天，敌人一计不成又生一计。他们改变过去把共产党“政治犯”与其他被捕的人员隔离的方针，将共产党员分插到其他监牢里，与犯人们关押在一起。敌人以为这样，就可以使党组织被拆散，党员之间的联系被中断；以为拆散以后，总会有人忍不住饥饿独自复食。但是，敌人又失算了。尽管每次吃饭时间，都有丰富的饭菜送到党员房间门口，但所有的党员还是躺着不动，全部拒绝进食。李何已经处于半昏迷状态中，一会儿昏沉沉睡去，一会儿又惊醒过来。他肚子饿得麻木，脑子什么也不想，只有一个念头：坚持到底。

第六天，分散在各个监区的党员，仍旧全体坚持绝食。大家的鼻息越来越微弱，僵硬、无力地躺在各自的床上。这时，敌人渐渐沉不住气了，打开小窗暗中偷看的次数也越来越多。第七天到了。俗话说：不吃不喝，七日则死。党员们按照党组织的部署，豁出命来同敌人斗争，心中只有坚持，没有一个人在意个人安危。终于，大家的坚持得到了回报。第七日傍晚，一个看守跑来宣布："上峰已经接受了你们的一些条件。"

不一会儿，党组织的联络员通知大家，可以复食了。于是，党员们在狱中聚到一起复食，大家像见到九死一生的亲人，互相紧紧地握着手，互相诉说着斗争的经历。所有人的脸上，都映照着坚强不屈的心愿——一心向着党，生死回延安。

在激动的时刻，党组织还向大家宣布：在集体绝食斗争期间，日本帝国主义已经投降，时局将有新的变化。敌人答应改善医疗卫生条件，改善伙食。"全体无条件释放回延安"这一条虽然没有被接受，但绝食斗争取得了初步的胜利。党组织还号召大家，恢复饮食，保养好身体，积蓄力量积极准备下一阶段的狱中斗争。

资料来源：

1. 新疆青年出版社编：《新疆革命斗争回忆录》，新疆青年出版社1965年版。

2. 新疆维吾尔自治区党史委员会编：《新民主主义革命时期中国共产党在新疆斗争纪事》（1933—1949），解放军出版社1985年版。

廉洁纪律

带着“黄金”乞讨的刘启耀

刘启耀

刘启耀原名刘启瑶，1899 年出生于江西省兴国县龙口乡睦埠村的一个贫苦农民家庭。他 15 岁时远离家乡当长工，每天过着衣不蔽体、食不果腹的悲惨生活。1926 年 9 月，兴国县相继建立了党、团、工会、农协等革命组织，工农革命运动迅速兴起，刘启耀秘密参加了农民协会，积极组织农民，开展减租减息和反对地主高利贷、逼租逼债等斗争。

1931 年 11 月上旬，刘启耀出席江西苏区第一次党代会，当选为省委常委。1932 年 2 月，他当选为江西省职工联合会委员长，同时担任江西苏区反帝大同盟主任。他领导江西工人，普遍改选工会，组建坚强的、服从党领导的工会组织，使之成为苏维埃政权的柱石。1933 年 12 月，刘启耀被选举为江西省苏维埃政府主席，后在中华苏维埃共和国第二次全国苏维埃代表大会上当选为中央执行委员。

一、自带伙食干革命

刘启耀走上领导岗位后，仍然不忘初心，保持艰苦朴素的生活作风。为充实战费，他“带头退还二期公债，不要政府还本”，从而影响与推动江西群众主动退回公债本息 90 余万元，购买第 1 至 3 期公债 350 万元，仅兴国一县总计三次推销公债就达 83. 56 万元。

为厉行节俭，他还主持制定制度，严格规定所属部门“一切费用都要十二分的节俭，不急用的费用不要用，要用的就要节俭用，不要浪费一文钱、滥用一张纸、多点一盏灯、乱耗一支笔”。为了提倡节俭的风气，他具体制定与组织实施《节约规约》，要求大家：“每天节省一个铜片”“不进馆子，不吃小食，戒绝吃烟、吃酒、吃私菜等口腹上的浪费”“节省纸张、灯油、文具及器具等办公用品”“普遍建立节省箱”“建立菜园”“开展反浪费斗争”等。

刘启耀以实际行动积极响应党中央号召，雷厉风行地在江

江西省苏维埃政府旧址

西省范围内开展节省经费、口粮，支援红军的运动。一次，他在江西省苏维埃干部大会上说："你们都很热烈地拥护节省，我除四月份已自带伙食外，我从五月份起，每月都自带伙食，一直到粉碎敌人五次'围剿'为止！"刘启耀自带伙食干革命的事迹，很快在整个苏区广为传诵，深深地影响带动了许多机关干部，激励他们自觉自愿地"自带伙食"干革命，以实际行动支援红军。

然而，刘启耀的行为最初并没有得到家人的支持。在他返回家乡背米时，妻子埋怨他说："当了省主席，反而连饭都吃不到，真没用。"刘启耀听了，耐心地向老婆解释道："共产党的官，是为人民谋利益的。"后来由于战争形势紧张，刘启耀无暇回家背米，妻子也慢慢转变了态度，甚至挑米走百余里山路给丈夫送去。

二、与组织失去联系

1934 年 10 月，主力红军北上长征后，刘启耀留在苏区坚持游击战争。1935 年年初，他在宁都北部山区一次突围战斗中，左胸中弹，负伤昏迷过去。战友们给他包扎好伤口后，把他藏在灌木丛中。

第二天，刘启耀醒过来，部队早已转移到其他地方去了，他和组织失去了联系。他强忍着钻心的伤痛，爬进深山密林，找到一处隐蔽的山洞，用草药医治自己的伤口。为了充饥，他在原始森林里捕捉动物、采集野果；为了抵御严寒，他用动物的皮毛和树叶裹住身体。就这样，凭着顽强的革命意志，他在山洞里坚持了半年近乎野人般的穴居生活。

半年后，刘启耀伤愈，他迫不及待地踏上寻找党组织的路。他从山上找来一根竹竿做拐杖，把竹子掏空，将自己负责保管的作为省苏维埃政府经费的黄金藏进竹竿中间。随后，他拄着这根藏着黄金的拐杖开始赶路，晚上到一些农户家里讨点吃的，白天便躲进附近山里，摸索着往前行走。

刘启耀日躲夜行，经永丰往泰和方向转移，他化装穿过敌人防守严密的赣江封锁线，来到井冈山下的湘赣边界。这里的敌人盘查很严，他没有通行证，只好滞留在遂川、万安、泰和一带的山区，一边讨米、打短工度日，一边打探消息，寻找前往湖南追赶红军的机会。

三、腰缠万贯的“讨米人”

刘启耀在遂川、万安、泰和一带沿街乞讨、打短工时，发现许多红军失散人员。经过思考，他决定把流落当地的战友们联络起来，利用当地人烟稀少、耕地较多、敌人势力较弱，便于谋生与从事秘密活动的优势，继续与敌人进行坚决的斗争。

罗孟文

经过一年多的努力，刘启耀在遂川、万安、泰和一带联络到原中共湘赣特委书记罗孟文、宣传部部长刘飞庭、白区工作部部长郑高岭、组织部部长兼秘书长罗孟湖、江西省苏维埃秘书林绍源、粤赣省委组织部部长罗月仁、赣西南特委书记刘符节等1000多位失散的苏区干部和红军战士。在大家的共同努力下，中共临时江西省委在泰和马家洲成立，刘启耀被选举为临时省委书记。

在临时省委机关成立后的第一次常委会上，当大家都为省委今后的办公经费发愁时，刘启耀解开他的破衣烂衫，把一包金条倒在桌子上，说：“这是我突围时保管的省苏维埃政府的经费，今后归临时省委支配。”大家见了，都惊呆了，谁都没有想到，乞讨多年的刘启耀，居然是一个腰缠万贯的“富翁”。

临时省委用刘启耀提供的经费购买了一栋房屋，建立了省委机关，对外称“赣宁旅泰同乡会”。另外，大家还利用部分剩余经费，保释狱中的战友，扩大革命力量，并选送骨干力量前往延安。

四、回到组织怀抱

1937年七七事变爆发后，8月8日，中共赣粤边特委和游击队联合发表《停止内战，联合抗日宣言》，15日又发表《告赣南民众书》，号召赣南各界民众团结抗日。

刘启耀听到这个消息后，立即同罗孟文、郑高岭等4人，日夜兼程，步行460余里，来到大余池江，向陈毅、杨尚奎等苏区中央分局领导人汇报了他们坚持地下斗争的情况。

随后，上级党组织决定取消中共江西临时省委，成立遂、万、泰县委，隶属粤赣边特委领导，由刘启耀任书记。刘启耀高兴地接受了任命，从池江回到马家洲，根据粤赣边特委的指示，立即重新登记、审查党员，恢复和发展党的组织，积极领导群众宣传抗日，支援前线。不到一年时间，遂、万、泰县委就建立起马市、沿江、韶口等5个区委，恢复和发展3280余名党员。

资料来源：

梅黎明主编：《浩然正气　井冈山与中央苏区的脊梁》，中国发展出版社2014年版。

贺龙与三块银元的故事

1937 年 8 月，根据中央军委决定，中国工农红军第二方面军及陕北红军部分部队，在陕西省富平县集中改编为国民革命军第八路军第一二〇师。1938 年 10 月武汉会战结束后，中央军委为加强冀中地区的抗日力量，命贺龙率一二〇师从晋西北急赴冀中平原。1939 年 4 月 23 日至 25 日，一二〇师主力进行齐会战斗，歼敌 700 余人。战斗中，日军惨无人道地使用毒气，师机关 20 余人中毒。贺龙也一度呼吸困难，伤情危急。

一、刘主任送母鸡

齐会战斗之后，贺龙率领一二〇师转移到平山县刘家湾一带进行休整。师司令部就驻扎在刘家湾村。

第一二〇师师部旧址

一天下午，贺龙带人到驻在邻村的政治部开会。司令部的勤务员小苗留在司令部里整理内务。突然，他听见“啪哒”一声，门口的竹帘被掀了起来，一个黝黑的庄稼汉手里提着三只母鸡，风尘仆仆地走了进来。

“噢！原来是刘主任呀！快请进！”小苗一看是老熟人，便热情地打起招呼来。他双手搬起司令部里唯一一把带靠背的椅子，轻轻放在刘主任身前，右手往前一伸，示意刘主任坐下。“刘主任，您可真是个稀客，今天什么风把您给吹来了？”小苗乐呵呵地问道。

“小苗啊，咱这是无事不登三宝殿哪！”刘主任眨了眨他那眯成一条缝儿的眼睛。才刚坐下，又连忙起身，抓起那三只捆在一起的母鸡，递到了小苗面前。

“刘主任，您这是什么意思？”小苗有些不知所措。

“什么意思？一点儿心意嘛！昨天晚上，我们听陈参谋讲，前些日子在齐会战斗中，贺师长亲临前线，中了敌人的毒气弹，至今还没有复原。现在，他又开始没日没夜地工作起来，我们大家看着实在心疼。这不，大伙儿合计了一下，让我代表乡亲们，把这三只老母鸡送给贺师长，熬点汤喝！”

听了刘主任的话，小苗心里暖乎乎的，十分感动。可是，小苗也很清楚，贺师长一向治军严格，对自己、对下属都一视同仁，任谁也不能违犯纪律。记得今年春天，部队刚到冀中时，就因为王管理员收了群众一个南瓜，贺师长便大发一通脾气。直到王管理员给老乡补了钱、道了歉，并且深刻地做了检查，才算完事。因此，小苗在心里对自己说，这三只母鸡可千万不能随意留下，不然会犯错误。想到这里，小苗笑着坦诚相告：“刘主任，八路军的纪律您也知道，我们可不能随便收老乡的东西。乡亲们的心意，我一定代为向贺师长转达。这老母鸡，还是请您给乡亲们拿回去吧！”

“小苗，不行呀！这三只鸡，贺师长可是非收不可呀！”没等小苗把话说完，刘主任就抢过了话头，继续说：“你说的那些道理，俺都懂得。可是，这是我们冀中老百姓的一片心意啊！俗话说，礼轻情义重嘛！这鸡，你非收不可！”

说到这儿，刘主任灵机一动，接着又说了两句：“小苗啊，这些可是群众送来的慰劳品啊，表达我们对八路军的感谢！一不是办私事，二不是送人情，你们不收，我这个村主任可怎么向大伙儿交代呀！这里面可有个军政、军民关系呀！你可得好好想清楚啊！”

突然被刘主任将了一军，小苗一时不知该如何应对，只是反复说道：“刘主任，使不得，使不得，无论如何，这鸡也不能收……”

“哎呀！我说小苗，你别死脑筋了。不用担心，贺师长要是批评你，让他找我好了！我们群众给你撑腰！”刘主任边说边把鸡往椅子下面一塞，站起身来，拍了拍身上的灰尘，便迈开大步走了。

二、小苗归还母鸡

小苗望着刘主任不断远去的背影，正想着该如何把鸡给退回去。正在这时，只听院里一阵脚步声，原来是贺龙带着人开完会回来了。

贺龙一进屋，便径直走向桌旁，一拉椅子的靠背，就要往下坐。突然，他发现椅子下面是一阵“咯咯咯”的乱叫声。

“这是什么？这些鸡哪里来的哟？”贺龙惊异地问道。

“报告师长，这是村公所刘主任听说您中了日本人的毒气，给您送来了这三只母鸡作为慰劳品。”小苗小声地向贺龙报告。

“什么？给我送来的慰劳品？为什么？我一没负伤，二没住院，哪里需要慰劳噢?”说完，贺龙的脸色马上就变得严肃起来，大声地问小苗：“小苗同志，这些鸡是谁收下的?简直是乱弹琴！纪律都忘了吗?”

眼看今天的批评是躲不过去了，小苗只好硬着头皮支支吾吾地答道：“报告师长，这些鸡，是刘主任硬留下的，我好说歹说也不顶用。我正想着怎么送回去，您就回来了。”

听小苗还想辩解，贺龙更火了：“不顶用就该收下吗?今天你收下三只母鸡，明天群众就会给你赶来两只肥猪！怎么?你也就客客气气地都收下吗?给你们讲过多少遍了，我们的责任是保护人民，不是祸害人民。”说着，贺龙不由得面红耳赤，激动地说道：“小苗同志，你知道不知道啊！冀中的老百姓，让鬼子都祸害得连粗糠野菜都吃不上。可我们倒好，吃鸡吃肉搞特殊化，你还觉得有理呢！这样下去，怎么得了啊！这算哪门子子弟兵嘛!”

贺龙的一席话，说得小苗哑口无言，恨不得找个地缝钻进去。他红着脸，低声说道：“师长，这全怪我。当时光考虑您的身体近来不大好……”

见小苗认了错，贺龙也慢慢地消了火气，说：“你呀！作为一个革命战士，心里首先想到的应该是群众，而不应该是什么首长。在我们队伍里，师长和战士，只是分工不同，不应有什么特殊的待遇。在这方面，毛主席为我们作出了很好的表率。他不比哪个更辛苦?可他穿的是补丁衣服，吃的是小米咸菜……想想毛主席，看看群众，这鸡我能吃得下去吗?”

“师长，您甭说了……我错了。”小苗含着泪水，哽咽着，几乎连话也说不出来了。

“男儿有泪不轻弹，不准哭了！这鸡你看怎么办?”贺龙笑眯眯地问道。

“报告师长，我马上送回去!”小苗话音刚落，便提起三只母鸡，一阵风似的向外跑去。

三、贺师长留下三块银元

小苗走后，贺龙来到办公桌前，开始工作。他刚审阅完一份作战计划，只听门外一片嘈杂，七八个农民群众簇拥着小苗，被卫兵拦在了办公室外。

贺龙收起作战计划，示意卫兵放行，群众便涌进了贺龙的办公室。“贺师长，您这事办得可有点太见外了！”为首的刘主任提着那三只母鸡，前脚刚刚跨进办公室的门，嘴上便开始叫嚷起来。随行的几个群众，也开始帮腔，你一言我一语地说道：“贺师长，这事可不能怪小苗啊！他也是为了军民关系着想嘛!”

贺龙满面笑容地站了起来，请大家进屋，并叫卫兵搬来板凳给大家坐下。贺龙也同大家一起坐到板凳上，然后深情地说道：“乡亲们，大家的心意我都领了。冀中人民对子弟兵的深情厚谊，我贺龙永远也不会忘记。正因为这样，我们就更应当关心老百姓的生活，严格遵守纪律。人民军队爱人民，这是党中央、毛主席立下的规矩，是咱八路军的传家宝啊！也是我们和旧军队根本不同的地方。我们无论如何也不能违犯群众纪律。再说眼下乡亲们连饭都吃不上啊，好不容易保留下这几只母鸡，我们怎能忍心吃了呢?”

贺龙的话说得入情入理，大伙儿面面相觑，办公室里一时陷入了沉寂，大家仿佛都在思考着什么。过了片刻，群众里最年长的一位老大爷，颤巍巍地站了起来，走到贺龙面前，恳切地说道："贺师长，你说的道理，我们都明白。道理没有错，可是，我们心里过意不去啊！你想想，八路军没来前，冀中一带的中央军驻扎了好几十万，可就是不打鬼子，尽祸害百姓。要不是咱八路军开过来，别说这几只鸡，恐怕连我的老命都保不住哇！眼下兵荒马乱的，村子也被鬼子糟蹋得不成个样子了。八路军住到村里，可算是受委屈了。这几只鸡，你无论如何得收下。我们啊，都盼着你身体早早养好，指挥部队多打胜仗，消灭鬼子，为乡亲们报仇雪恨，保家卫国哪!”

“对呀！乡亲们的这点心意，你们一定得收下!”“贺师长，收下吧！如果不收，全村老小都要来请愿啦!”群众们说到动情处，有的竟抹起了眼泪。

“贺师长，您看，这鸡不收恐怕不好办啊!”刘主任低声对贺龙说道。

乡亲们一片真挚的情谊，深深地打动了贺龙。眼看着大家越来越激动，贺龙低头略加思索，然后果断地说："那好吧！这三只鸡就留下吧，我代表全体指战员谢谢大家了！"

"好，好，好！"贺龙的话音刚落，群众们便一齐欢呼起来。随后，大家带着满足的心情，高兴地离开了司令部。

群众离开后，小苗怯生生地问贺龙："师长，那这鸡，到底该怎么办呢？"

"关向应政委正在病中，给他留一只补一补。其余两只，送到卫生队，给伤病员熬汤喝。"贺龙从柜子里取出作战计划继续看，头也不抬地给小苗下达了"命令"。

一二〇师干部在山西岚县合影

“师长，您的身体还没有复原，也留一只吧?”小苗语带恳求地说。

“小鬼，别啰嗦，快去执行命令!”贺龙继续目不转睛地看着作战计划。

“是!”小苗不再说话，无可奈何地提着鸡走了。

第二天凌晨，部队奉命出发。刘主任和村干部们在村口送别了部队。他们正要返回村中，只见小苗骑着一匹战马疾驰返回。小苗来到刘主任面前，翻身下马，双手将一封沉甸甸的信件交到刘主任手中，说：“刘主任，这是贺师长留给您的。”

说完，小苗也不等刘主任回答，就迅速跃上马背，追赶队伍去了。

大家听小苗说是贺龙留下的信件，都好奇地围了过来，想要一看究竟。在众目睽睽之下，刘主任撕开信封，往外一抖，只听“叮叮叮”，三块银元滚在地上。刘主任一时也顾不得去捡银元，连忙抽出信来，几行雄健的大字映入眼帘：

刘主任并众乡亲们：你们昨晚送来的三只母鸡，我们都收下了。谢谢你们对子弟兵的关怀。但是，“不拿群众一针一线”是共产党、八路军铁的纪律，任何人都不得违犯，为此留下大洋三元，请代为转交群众。我们一定努力作战，奋勇杀敌，决不辜负父老乡亲们的深情厚谊。

看完信，刘主任颤巍巍地拾起银元。捧着贺龙留下的三块银元和信件，刘主任和乡亲们激动得热泪盈眶，不约而同地抬起头来，朝着部队远去的方向久久地遥望着。

资料来源：

李吉编：《贺龙同志在晋绥》，山西人民出版社 1984 年版。

拔掉“肖玉璧”式莠草

1942年1月5日出版的《解放日报》上，有这么一段评论：“在‘廉洁政治’的地面上，不容许有一个‘肖玉璧’式的莠草生长！有了，就拔掉它！”

一、作战勇猛的肖玉璧

肖玉璧出身于陕西省清涧县马家村一个穷苦农民家庭，他从小给地主家放马，1933年4月加入工农红军陕甘游击大队清涧支队。他跟随红军南征北战，作战勇猛，立下过许多战功。

一次，为牵制国民党军队对陕南红军主力的进攻，陕甘游击大队奉命攻打佳县。攻城时，城内敌人在城墙上架起几十挺机枪，一齐对准游击大队扫射。游击大队几次攻城均遭重创，

抗日战争时期的延安城

伤亡惨重，无功而返。这时，躲在壕沟里的肖玉璧突然一声大喊："火力掩护我!"说完，跳出战壕，抓起四捆手榴弹便向敌城门冲去。

不多时，随着四捆手榴弹引发的一阵巨大的爆炸声，城门被炸开。佳县城池很快被游击大队攻破。等战友们找到肖玉璧，只见他早已被巨大的爆炸气浪掀翻到城门口数丈之外，浑身流血，已经没有了气息。战友们以为他已经牺牲，哭着喊着要好好安葬他。可是，等到战友们找来寿衣，抬来棺椁时，却发现肖玉璧竟慢慢睁开了眼睛，翻身坐起，"起死回生"。由于在攻打佳县中的优异表现，肖玉璧担任了支队长。此后，他更是每次战斗都冲锋在前。在一次对敌战斗中，他率队拼死冲杀，以少胜多，而自己的腹部却连中数刀，肠子都流了出来。

几年下来，他身上的伤疤竟多达八十几处！

肖玉璧很快就成为八路军里著名的战斗英雄。后来，他因为伤势过重离开部队，转业到地方工作。曾任清涧县某区苏维埃主席、定边贸易局副局长、盐池稅务分局副局长等职务。1937年，由于多次伤病严重，再加上长期劳累和营养不良，肖玉璧再次病倒，住进了延安中央医院。

延安中央医院旧址

肖玉璧住院期间，恰逢毛泽东到医院看望住院的干部战士。毛泽东见到骨瘦如柴、奄奄一息的肖玉璧，就关切地问医生："这位肖玉璧同志，患的是什么病？能治愈吗？"医生指着肖玉璧肚子上的伤疤回答："他其实没有什么大病，是由于几处贯穿伤没处理好，造成消化功能弱化，再加上过度劳累和营养不良，致使身体过度虚弱。非常好治，只要吃一个月好饭就行了。”

随后，毛泽东详细问询了肖玉璧的英雄事迹，看着这位战斗英雄身上数十处的伤疤，毛泽东的眼睛湿润了。他立即让身边工作人员把中央配发给他的取奶证送来，由院方负责每天清早到中央机关管理处取奶，供肖玉璧饮用。当时边区物资严重匮乏，小女儿李讷刚刚出生，正需补充营养，但毛泽东还是毅然决然地把牛奶全部送给了素不相识的肖玉璧，并一再嘱咐医护人员要照顾好这位战斗英雄。

二、骄傲自满的肖玉璧

然而，肖玉璧之后的所作所为却辜负了毛泽东的期望。伤疤代表他的战绩，也代表他过去的光荣。可令人惋惜的是，肖玉璧未能正确看待这些伤疤，未能正确对待荣誉，没有把自己光荣的过去作为鞭策和激励自己的动力，反而逐渐地不思进取，心安理得地躺在过去的功劳簿上，把战争中的伤疤错误地当成他个人骄傲自满、胡作非为的资本。

肖玉璧康复出院后，组织上为了照顾他，决定安排他到家乡清涧县担任张家畔税务分局局长。肖玉璧却十分不满这个决定，他暴跳如雷，大喊组织安排不公：“我是有过战功的老红军，怎么也得分配与过去相当的职务级别，现在却让我当税务所所长！你们不答应，那我就直接去找毛主席！”

随后，肖玉璧为了让组织改变决定，果真来到毛泽东的住处，找毛泽东提出要求。毛泽东耐心地听了肖玉璧的陈述后，首先向他讲明了做好税收工作对于革命的重要性，然后坚决表明了自己的态度——一切听从组织安排，谁也不能搞特殊化。

肖玉璧根本听不进去，一味地摆自己的战功，再三要求毛泽东为他说话，重新替他安排工作。然而，毛泽东态度坚决，始终不肯松口。肖玉璧见毛泽东不答应，便气急败坏，突然撩起自己的衣服，对毛泽东说："你数数我身上有多少块伤疤！"

毛泽东见他这样，十分生气，厉声回答道："我不识数！"最终，肖玉璧没有达到目的，气冲冲地走了。两人的第二次见面，以不欢而散结束。

三、贪污腐败的肖玉璧

1937 年 12 月，肖玉璧出任清涧县张家畔税务分局局长。任职期间，他很快沦为贪污腐败分子。肖玉璧勾结国民党军内蒙古独立旅旅长常崇耀，暗中招募新兵，企图背叛革命。同时，他还开始在征税时采取多收少报或不记账的方式贪污公款。更恶劣的是，当时征税有时征收的是粮食、食油等实物，肖玉璧就利用职权，把征来的粮食和食油变卖给国民党部队。

在抗战时期边区各级政府节衣缩食、勤俭节约支持抗战的环境下，整个边区政府每月办公费不过 30 元。肖玉璧却于 1938 年贪污公款 1800 元，1939 年 1 月又暗扣公款 1000 元。

这在当时，是一个惊人的数字。

当时，为了保证边区政府成为廉洁的政府，边区政府建立了工作检查制度、财政审计制度、预决算制度等，明确规定任何机关和部队必须在批准的预算限度内进行开支，预决算及一切应交单据必须上交边区财政厅。

肖玉璧贪污巨款造成的亏空，很快引起了边区财政厅的注意。1939 年 1 月，边区财政厅开始派人调查肖玉璧的贪污情况。就在调查肖玉璧期间，肖玉璧以外出讨账为由，携带公款 250 元和税票 18 张逃跑了。肖玉璧逃跑后马上叛变，来到绥远东胜县国民党控制区域，投奔常崇耀。后来由于肖玉璧失去利用价值，被国民党方面抛弃。他无法维持生计，只好潜回原籍清涧县。

肖玉璧大量贪污公款，并且私自将边区短缺的粮食和食油等重要物资卖给国民党部队以谋取私利的事情败露后，激起极大的民愤。当地的群众看到肖玉璧潜回清涧县后，马上报告了当地政府，最终肖玉璧被当地执法机关依法逮捕。

四、被判死刑的肖玉璧

被逮捕后，陕甘宁边区检察机关审讯肖玉璧，在铁一般的证据面前，肖玉璧对自己所犯的罪行供认不讳。最后，经陕甘宁边区高等法院审理，于 1941 年 2 月 13 日作出判决，判决认定的主要事实有：

1. 被告人肖玉璧于1938年间贪污公款280元，是年12月间暗扣公款1520元，1939年1月间又暗扣公款1000元，均不记账。

2. 与常崇耀勾结，将所扣之款，借口为蒙县独立旅私募挑夫，企图叛变革命。

3. 1939年1月间，肖玉璧贪污、暗扣公款的行为被边区财政厅发觉。此时，肖玉璧仍外出讨账，并逃之夭夭，携公款250元、税票18张，等等。

判决理由：肖玉璧身为边区公务人员，不能尽职责、廉洁奉公，利用职位实行贪污，克扣公款3050元，并携

陕甘宁边区高等法院旧址

带款项和税票逃跑，叛变革命。此种行为对于边区模范政权之建立危害至大。

判决：依据边区惩治贪污暂行条例第二条第一项、第三项、第八项和第三条第一项之规定，判处被告人肖玉璧死刑。

林伯渠

边区高等法院作出判决后，肖玉璧想到自己的过去，心有不甘。他对执法人员大吵大闹，并抱着最后一丝希望，要求面见陕甘宁边区政府主席林伯渠。林伯渠考虑到肖玉璧是老红军，还曾是战斗英雄，便答应见他。肖玉璧见到林伯渠后，向林伯渠哀求，表示被判处死刑太重了，要求准许他写信向毛泽东求救。

林伯渠最后答应了肖玉璧的请求，他找到毛泽东，报告了肖玉璧的情况。毛泽东得知肖玉璧贪污被逮捕的情况后，问林伯渠："他贪污了多少钱？"

"3050 元。"林伯渠回答。

"服不服？"毛泽东又问。

林伯渠掏出肖玉璧写的信，说道："肖玉璧写信要求看在他作战有功的份上，让他上前线去，战死在战场上。”说完，林伯渠把肖玉璧的信向毛泽东递去。

毛泽东想到将要被枪毙的是一个对革命有过很大贡献的红军老战士，心里也很不好受。但是，他没有伸手去接这封信，而是眼睛望着窗外，深深地吸了两口烟。随后，他转过头问林伯渠：“你准备怎么答复他？”

林伯渠说：“据法院统计，目前边区贪污犯罪率占5%，这股风非刹不可！不过怎么处理肖玉璧的信，边区政府和西北局都想听听您的意见。”

毛泽东问：“你还记得1937年枪毙的那位黄克功吧？”

林伯渠回答：“记得。”

毛泽东斩钉截铁地说：“和那次一样，我完全拥护法院的判决！”

肖玉璧被枪决后，震动了整个边区。陕甘宁边区一度滋生起来的贪污腐败之风，很快被刹住了。

资料来源：

1. 高委主编：《利剑高悬　建党以来十大腐败案件剖析》，中国方正出版社2013年版。

2. 史全伟编著：《清廉勤俭毛泽东》（上），中央文献出版社2013年版。

3. 刘上洋编：《中外道德警示100例》，百花洲文艺出版社2013年版。

群众纪律

一道特殊的军令

一、“依靠人民，比山靠得住”

1937 年 9 月平型关战役后，八路军第一一五师的一部 2000 余人，在聂荣臻率领下展开游击战争，于当年 11 月，建立了以五台山为中心的晋察冀军区，创建了第一个敌后抗日根据地。随着游击战争的进行，晋察冀边区进一步扩大，包括山西、河北、察哈尔、热河、辽宁等五省各一部分，面积达 40 万平方公里，人口 2500 万，成为华北敌后最大的抗日根据地。

由于晋察冀边区地处华北敌人的心脏地带，战略地位十分重要。因此自初创之日起，就成为日本侵略者的眼中钉、肉中刺。日军多次对边区发动“扫荡”，妄图扼杀抗日政权。然而，面对敌人一次次的“扫荡”，晋察冀边区却一直很稳定。

聂荣臻

人民安居乐业，各项事业蓬勃发展，秩序井然，甚至达到“夜不闭户，路不拾遗”的状况，社会风气非常好。

对此，聂荣臻总结道：“依靠人民，比山靠得住。”聂荣臻之所以有这样的感慨，是因为晋察冀边区的群众坚定、完全地站在共产党、八路军一边，与日本侵略者誓死斗争，共同努力将边区建成一个非常稳固、可靠的根据地。

对此，聂荣臻也曾回忆道：“在抗日战争中，尽管我们处在敌人的封锁包围中，我们的司令部距敌人不过几十华里，有许多战火纷飞的场面，但是我们却有一种安全感，在群众的海洋里安全得很啊！有一段时间军区领导驻在唐县和家庄，中央分局在河北阜平县易家庄，我每次去开会时只带一个警卫员，我们一人一匹马一天就跑到了。一路上毫无危险，走到哪里，哪里的老百姓都给我们烧开水、指路，照顾得十分周到。八路军英勇抗击侵略者保护了人民，人民同样尽心尽力地保护我们。”

这种军民亲如一家的鱼水深情，既与中国共产党、八路军高举抗日大旗、团结全民抗日有关，也与全体党员和战士严守

晋察冀边区人民热烈欢迎八路军

党纪军纪有着密切的关系。军队爱民、护民，民众才会拥军、助军，孤悬敌后的晋察冀边区才能一天天壮大起来，由弱变强。

军队守纪爱民，这样的生动事例在晋察冀边区层出不穷，蔚然成风。因一碗“苦累”而引出的一道“空前绝后”的军令，便是其中的一个典型事例。

二、一碗蒸“苦累”

1942 年，晋察冀边区发生了数十年一遇的严重旱灾，日军又趁机实行第五次“治安强化运动”侵略边区，致使边区经济遭受到严重破坏。许多群众庄稼颗粒无收，靠上山剥树皮、摘树叶充饥。无奈之下，很多人只好背井离乡出外逃荒。八路军部队的给养也陷入困境，战士们只好以黑豆、麦麸充饥，由于缺乏油盐、蔬菜等营养物，一段时期内，疟疾、痢疾、回归热等疾病持续蔓延，有些战士还得了夜盲症，连站岗都难以支撑。

一天午饭时分，聂荣臻刚刚视察完工作回到营地，炊事员老田便高兴地端着午饭过来了。老田说："司令员，你回来的正是时候。炊事班刚刚做完午饭，还热乎着呢！"说完，便把刚出锅的一碗蒸"苦累"递到聂荣臻的桌上。

"苦累"，是晋察冀边区群众十分喜爱的一种食物，是用蔬菜或者树叶、野菜拌上玉米面、地瓜面、高粱面等，撒上盐，上锅蒸制而成。当地的群众，由于粮食紧缺，几乎什么树叶都吃，柳叶、榆叶、杨叶、杏叶、槐叶，甚至苦涩的臭椿叶、大杨树叶、有毒的黑悍芽和大麻籽叶、黄豆叶……都能煮一煮、泡一泡，用来充饥度荒。榆叶，则是众多树叶中最为美味可口的佳品。老田在山沟里寻觅了一个上午，采了半篮子嫩榆叶，做了这碗"苦累"，想给日渐消瘦的聂荣臻改善一下生活。

然而，令老田没有想到的是，聂荣臻端起碗来，勉强吃了几口，却越嚼越慢，像是有心事。聂荣臻看了看老田，放下碗筷，停止了吃饭。他问老田道："老田，这些榆叶是从哪里来的？"老田一听聂荣臻语气不对，便惴惴不安地回答道："报告司令员，这是我从山沟里采的野树的叶子。”

“噢，那战士们都吃上了吗？房东一家人，给他们分了吗？”

“吃了！吃了！炊事班、警卫班、勤杂人员，都吃了。给房东家里，也送了一篮子。大家还商量好了，当前粮食紧张，为了改善伙食吃饱肚子，今后抽时间经常上山摘树叶、抓野菜，补充咱军粮呢。”

“什么？还要经常上山摘树叶？你们知不知道，群众早就断了粮？他们就靠这些树叶度荒，你们都采完了，群众靠什么活下去呢？”说着说着，聂荣臻的眼眶湿润了。

老田听完，也一时间不知所措，委屈地流出了眼泪，喃喃自语道：“司令员，这么多天，你一天才吃几两粮食，还是谷糠、黑豆、白薯干，连点青菜、油花都没有。这样下去，我们担心你的身体……”

“你们就光想着我了吗？边区群众男男女女、老老少少，成群结队地上山摘树叶、剥树皮，一个个忍饥挨饿，瘦得皮包骨……这饭，我咽不下去。你赶紧送到医院去，给伤病员吃！”说罢，聂荣臻站了起来，对门口的警卫员说：“快去，请政治部潘自力副主任过来。”

三、不可与民争食

潘自力接到通知，迅速来到了聂荣臻的办公室，等候指

潘自力

示。“司令部机关有人去山沟采树叶了，这事你知道吗?”聂荣臻开门见山地问道。

潘自力回答：“司令员，这事我听说了，情况还比较普遍。”说完，他顿了顿，望了一眼聂荣臻，继续说道：“我们把从各部队搜集来的情况汇总了一下，正准备向您报告。”

“好，你简明扼要说一下。好的方面先不说，主要说问题。”聂荣臻说道。“好的，司令员。”潘自力扶了扶眼镜，报告说：“主要问题，概括起来有这么几种情况：有的炊事班不关心体谅群众，到处采树叶、榆钱，与民争食，引发群众的一些议论；二是有的部队想到了群众的口粮问题，可又丢不下部队，于是就有大量请示到了军区这边，问能不能采集一些树叶、榆钱……”

聂荣臻听了，摆了摆手，说：“自力啊，我们的确非常困难，但是我们的群众更加困难啊。为了抗日，群众们付出了多大的牺牲啊！他们房屋被烧，粮食被抢，村庄被毁，都毫无怨言地拥护党和八路军。晋察冀的群众就是我们八路军的爹娘、父母，我们是人民的军队，宁可饿着肚子，也坚决不可与民争食！你们立即以政治部的名义，向全边区的部队发一个训令，命令所有的单位一律不得在驻地周边采树叶和榆钱，也不准在村庄周围挖野菜，要把它们留给群众吃。特殊时期，这些树叶也应该算作群众的粮食，算作群众的财产，谁再违犯，谁就是违犯‘三大纪律八项注意’。”

“好的，司令员，我立即下去落实。”潘自力正准备离开。聂荣臻又说道：“自力，听说警卫连的战士们体质普遍下降，不少人得了夜盲症，有的还晕倒在哨岗上。这件事情，你们要引起高度重视，和后勤部们研究一下，看怎么解决。”潘自力答道：“好的，这件事我们和后勤部门迅速研究。”“快去吧！”聂荣臻点了点头。

四、特殊的军令

不久，一道特殊的军令迅速传遍了整个晋察冀：

兹令：

晋察冀军区各部队、各机关、工厂、伙食单位，值当前国难家仇青黄不接之际，一律不准上山采摘树叶与民争食。违令者按违犯“三大纪律八项注意”处置。

此令

晋察冀军区司令员　聂荣臻

晋察冀军区政治部的“不得与民争食”的训令，在古今

晋察冀部队学习《拥护爱民公约》

中外军事史上均无先例可循，堪称是一道特殊的军令。“一石激起千层浪”，军令很快发到了边区的各部队，也在群众中很快地传开了，引起了热烈的议论。一些群众对此表示不解，他们派出代表，找到聂荣臻，要求收回训令。

聂荣臻热情地接待了这些群众代表，倾听他们的呼声。一位代表开门见山地说道：“聂司令员，乡亲们对军令的事情越琢磨越觉得不对劲。大伙儿就推举我们几个人来向您求个情，请您把命令收回去。您不让部队采树叶，战士们吃不饱，咋打仗嘛？”话音一落，大家便你一言我一语，主要是想请聂荣臻收回军令。

“乡亲们！你们的心意，我晓得了。我代表部队向大家表示感谢。我们边区遭了鬼子的祸害，现在又要度荒。大家没米下锅，这些杨树叶、榆树叶，可就是大家的救命粮啊！乡亲们有难，我们怎么还能跟你们争食呢？”聂荣臻动情地对大家说道。

一位中年代表起初蹲在地上，听完聂荣臻的话，站起来“争辩”说：“司令员，你们共产党、八路军处处为咱老百姓想，我们大家心里都跟明镜似的。可我们也得将心比心，想想咱部队呀！眼下到处度荒，老百姓没有粮食吃，部队也没有粮食。山上的树叶，老百姓可以摘，八路军也应该可以摘啊！之前，山上的树都是地主的，不准穷人摘树叶。八路军来了，实行减租减息，穷人才能上山摘树叶。可是，眼下闹饥荒，为我们打天下的八路军倒是不能上山摘树叶了，这怎么说得通呢！依我看，你们整天说军民平等，这山上的树叶，就应该军民一起摘。”

聂荣臻听完，微笑着问：“这位老乡，你是村干部吧？”

一个代表抢先答道：“是啊，他还是咱村村长哩！”

“噢，好！怪不得说话还有点理论性呢！”见大伙儿听完都乐了，聂荣臻继续说道：“乡亲们啊，我们八路军扛枪打仗，是为了群众。可现在到了生死关头上了，我们一定不能与民争食，这就是我们共产党、八路军最大的道理！请大家回去后，代我谢谢乡亲们，谢谢大家对部队的爱护。同时，我也想请你们转告大家，我们正在想办法解决部队的粮食问题。为了渡过难关，我们现在有不少干部主动捐钱捐物，筹集粮食、改善伙食。我们一些干部取消乘马，这样可以杀掉一些马给战士们吃。同时，我们还在想其他办法，多弄些粮食回来。总之，请大家务必放心！”

聂荣臻的一席话，让群众心服口服。此后不久，他又积极领导边区开展大生产运动；带领军民协同作战，保卫夏麦秋粮；提出“到敌后之敌后去”的口号，反击敌人的“扫荡”，从敌占区获取粮食。在这一系列举措之下，晋察冀军区经济、军事形势很快好转，度过了最艰难的时期。

聂荣臻所领导发布的这道特殊的军令，也成为中国共产党在任何时候都把群众利益放在第一位，同群众同甘共苦、保持最密切联系的最好见证！

资料来源：

1.《聂荣臻传》编写组编：《聂荣臻传》，当代中国出版社 2006 年版。

2. 聂荣臻著：《聂荣臻回忆录》，解放军出版社 1986 年版。

毛泽东虚心听“骂声”

毛泽东一贯倡导密切联系群众、走群众路线，总是身体力行地深入群众开展调查研究，倾听群众的呼声，以此来改进工作。在他的心目中，“群众”是一个神圣不可侵犯的词汇。他对群众曾经用过“民众”“工农大众”“人民大众”和“人民群众”等不同称谓，但始终不变的是对群众的深厚感情。毛泽东的群众情怀，从处理延安的两次被骂事件中，得到了充分的体现。

一、倾听骂人农妇的意见

在陕北的清涧县有一位农妇，叫伍兰花。她家中缺少劳动力，还要赡养一个瘫痪的老母亲和抚养三个未满10岁的孩子，因此生活十分艰难。一家人住在两孔破旧的窑洞里，并且临近水沟，水一涨就淹了。然而，由于家里没钱，也缺少劳动力，所以无力打新窑洞。1940 年 6 月，伍兰花的丈夫被雷击中后去世，家里的情况更是雪上加霜了。可是，一些前去征粮的县、乡和村干部，仍然不顾她家的实际情况强行征粮，甚至还骂人。伍兰花忍无可忍，便大骂“世道不好”“政府官僚横行”，甚至还骂了毛泽东。随后，她被县保安科逮捕，准备送到延安进行审讯后再交法院予以惩治。

毛泽东知道后下了指示：“把骂我的那个农妇带来，我有一些话，想要问她。”

伍兰花知道后十分害怕，认为自己闯了大祸，命可能都保不住了。因此，她见到毛泽东时浑身哆哆嗦嗦，吓得说不出话来。

毛泽东见状，笑着温和地劝她说：“你不用怕嘛！请坐，坐呀！先吃几个枣吧。”说完，便递上一些枣，送到伍兰花手中。

伍兰花战战兢兢地接过枣子，挨着椅子边，缓缓地坐了下来。

毛泽东亲切地询问她家里的情况，特别是有什么困难。伍兰花开始支支吾吾地回答，后来，在毛泽东的引导下，她把家里的情况如实向毛泽东讲述。说完，她捂着脸大哭起来。也许她做梦也没有想到，骂了共产党，骂了毛泽东，毛泽东还同她亲切地拉家常，对她的生活表示关心。伍兰花感到内疚，低着头说："毛主席，咱不对哩，咱不应该骂政府哩……咱犯了大罪嘛……您就枪……毙咱吧。"

毛泽东正要劝她，只见她双腿一跪，身体扑倒在地下，求毛泽东处罚。

毛泽东连忙蹲下身，双手扶起伍兰花，说："你不用难过嘛！我们不会枪毙你的。你家的困难我知道了。我已经批评了清涧的地方干部，也批评了延安的执法部门。老百姓有具体困难，不予以解决就该挨骂嘛！你骂了政府，被捉了来，我今天同你谈谈，你不用害怕，要对我讲真心话。"

毛泽东语气和缓，态度真诚，令伍兰花紧张的神经舒缓了许多。她擦干眼泪，一五一十地把实际情况以及对当地征粮工作的看法对毛泽东说了。

毛泽东听完，随即陷入了沉默，久久没有说话。

伍兰花见了，有些不安，便试探着问："毛主席，咱讲完了，咱只求您，看在我那三个娃的份儿上，把咱早些放回去，行不？"

毛泽东回过神来，爽快地说："行！行！"于是，他马上叫来有关干部，说："马上放人！另外，派专人护送她回家。记住，去清涧的人，带上公文，讲明这位农妇没有什么罪过，这是个好人，是个敢于讲真话、为我们共产党和革命政府提了良好愿望和意见的好同志！要对当地政府讲明，对她家实行具体的特别照顾。同时，清涧的公粮问题，社会调查部和边区政府要做一次认真的调查研究。该免的要免，该减的要减，不能搞国民党反动派那一套——搜刮民财，不管老百姓死活！我们的组织、干部部门，也要对现行的村以上当权的官员，进行一次审查。不胜任的，不是全心全意为人民服务的，撤换下来。”

陕甘宁边区政府旧址

二、骂人的老汉

1941 年 6 月 3 日下午，陕甘宁边区政府在延安小礼堂召开县长联席会议。这天，电闪雷鸣，大雨滂沱。突然一声霹雳震耳欲聋，闪电径直穿过会议室内，击中会场。与会人员个个头晕目眩，在慌乱中奔向室外。延川县代县长李彩云，因触电过重，经抢救无效，不幸去世。

闪电还击中了延安的南关市场。当时正逢赶集，一位50来岁的老汉拴在木桩上的毛驴也被雷电击了。老汉气得又跺脚，又骂娘，还蹲在地下痛哭起来。他边哭边抱怨："老天爷不睁眼，咋不打死毛泽东呢？"周围的群众一听，都吓了一跳，许多人上前劝阻他，制止他的哭骂。

然而，老汉的哭骂声，很快就传遍了整个延安城。一时间，延安的街头巷尾，流言四起。有人说老汉是"反革命"，要追查审问他。流言传到边区保安处，有的同志便提议把那个老汉抓起来进行审讯，也有的同志建议要及时汇报党中央，请示毛泽东。

三、毛泽东了解情况

毛泽东很快就知道了这件事。他觉得，闪电打死人，导致一时间民众议论纷纷，里面肯定有问题。于是，他立即打电话，叫保安处来人，向他汇报工作。

很快，边区保安处的小吴便来到毛泽东的办公室。毛泽东招呼他坐下，和蔼地对他说："听说你们非要拘留那位老汉，为什么呢？"小吴激动地从椅子上站起来说："他在大庭广众下侮辱您，侮辱党的领袖！"

"是吗？他是怎么侮辱的，你说给我听听。"毛泽东笑着问。小吴情绪激动地讲述了事情的整个经过，然后说："李县

陕甘宁边区政府保安处旧址

长是中了雷电死的，与毛主席有什么关系？老汉自己死了驴，心里有气，竟然迁怒于您，而且在延安最热闹的市场上，指名道姓地骂您。我认为这是一桩严重事件，所以应该马上拘留审讯他。”

毛泽东听罢，摆摆手，爽朗地笑了，拍着小吴的肩膀，说：“他骂了我毛泽东，可没有犯法呀。”

“不。您是人民的领袖。骂您，说明他不是特务汉奸，就是土豪劣绅，是‘反革命’，是人民的敌人。我们拘留审讯他是应该的。”小吴的脸上满是正气。

毛泽东听完，又笑着对他说：“你想过没有，真的特务敢在光天化日下骂我吗？”小吴被毛泽东这么一问，有些哑口无言，一时不知说什么好。

毛泽东用温和的目光看着小吴，继续说："小吴，你知道人民群众为什么拥护我们、热爱我们？"

小吴大声回答道："报告主席，因为我们为老百姓打天下、谋幸福呗！"

"嗯，不错，为人民谋幸福！"毛泽东高兴地点了点头，接着说："人民拥护我们、热爱我们，是因为我们这个队伍是革命的队伍，是为了解放穷苦人民的，是全心全意为人民服务的。所以，我们如果工作中有了缺点错误，不管什么人，不管他采取什么方式提出批评意见，我们都应该接受嘛！你说对吗？"

小吴仍旧不服气，辩解说："主席，他可不是提意见，是骂人！"

毛泽东又摆了摆手，说："骂人也是一种提意见的方式嘛！"

小吴不再说话。毛泽东拍着他的肩膀，说："小吴同志，我建议你，不要拘留那位老乡。但是，请你帮我了解一下具体的情况，看他究竟对我有什么意见，行吗？"小吴听了，抬起头，爽快地回答："行！保证完成任务！"

四、大力减轻群众负担

毛泽东之所以找来小吴了解情况，就是认定群众不会无缘无故地当众骂人，一定是做了什么错事引起了群众的反感。

没过多久，小吴便回来向毛泽东复命。原来，当时根据地正处于最困难的时期，日寇实行“三光”政策，对根据地进行大规模的“扫荡”；同时，国民党反动派对边区实行层层包围封锁；近3年来，边区每年遭受水、旱、虫等自然灾害的严重侵袭，这些都给边区人民带来了很大的困难。另外，近年来边区军政人员明显增加，全边区非生产人员已达到10多万人。在这种情况下，为了保证军队和政府机关的需要，边区人民群众的负担逐年加重。负担过重，影响了群众的生产积极性，也损害了党和群众的和谐关系，以致出现了不少牢骚和怨言。

听完小吴汇报的情况，毛泽东眉头紧锁，沉默不语。小吴继续说道：“抗战初，边区群众的救国公粮只有1万石，1939年是5万石，去年是9万石，可今年猛增到20万石。因此，群众嫌负担过重，对政府有意见。再加上某些基层干部只顾完成任务，不注意工作方法，群众难免心里会产生一些抱怨的情绪。那位老汉就是对今年分配的20万石救国公粮不满，激动当中，便借题发挥，说出了辱骂您的话来！”

毛泽东听完，心情沉重，说：“噢，原来是这样！”

他想了想，对小吴说：“小吴，我看，这位老乡确实给我们提了个很好的意见，批评得对呀。”

毛泽东立即着手，组织调查研究。他指示西北局组成一个考察团，深入农村进行社会调查，将调研结果向中央进行详细汇报。在掌握了基层的大量实际情况后，毛泽东指示边区政府减征公粮，将当年边区征收公粮的数额从 20 万石减少到 16 万石。减征公粮后，边区政府还进行了大规模的精兵简政，进一步减轻了农民的负担，提高了农民的生产积极性。

大生产运动时的劳动场景

减征公粮和精兵简政的举措，顺应了群众的意愿，减轻了群众的负担，使党中央和毛泽东在群众中的威信更加提高。就连那个骂人的老汉也悔恨交加，逢人便说："是俺错了！是俺错了！俺千不该万不该，不该骂毛主席！"

资料来源：

1. 毕远佞：《毛泽东谈延安“雷击事件”：允许群众发牢骚》，载《北京日报》2016 年 4 月 25 日。

2. 中共中央文献研究室编：《毛泽东年谱》（1893—1949）（中），中央文献出版社 2013 年版。

3. 原良志、陈瑞、王萍编：《红色基因　中国共产党优良作风形成与传承的经典事例》，中央文献出版社 2015 年版。

4. 史全伟编著：《清廉勤俭毛泽东》（上），中央文献出版社 2013 年版。

谭震林团结开明绅士抗日

1941年8月，谭震林率领新四军第六师，驻扎在江苏无锡县寨门镇一带，师司令部则设在寨北乡开明地主陈希濂的家里。当时，为了团结全民族的力量，共同抗击日本帝国主义侵略，党实行了抗日民族统一战线政策。参加统一战线的不仅有工人、农民、城市小资产阶级和民族资产阶级，还包括除了汉奸、大地主、大资产阶级投降派以外的一切政治力量。这就改变了以往打土豪、分田地的政策，只要是抗日爱

抗战时期的谭震林

国，一些中小地主，也成了党组织团结、保护的对象。

新四军第六师师部旧址

一、春耕合作社“借麦子”

许士章是无锡县一个地地道道的贫农。1940 年，在无锡县委联络员刘云珍的带领下，他积极参加农民协会的活动，搞减租减息，不久就秘密加入了中国共产党，公开身份是寨北乡乡长。当时，许士章虽已加入了中国共产党，但对党的认识还未十分深入，对党的政策的把握也没有十分到位。只是在斗争中通过直觉感受到，共产党是为穷人撑腰、帮穷人翻身的。但具体如何执行统战政策，如何对待开明绅士，他还存在着一些误区。

1941 年年底，为了筹集春耕生产的费用，许士章在乡里组织了一个春耕合作社，以合作社的名义向本乡的地主、富农借麦子，再运进日军占领的无锡城里去卖，并商定将所得钱款的大部分归还给麦主，一小部分利润归合作社。仅仅两天，合作社就借到粮食 105 包，其中开明绅士陈希濂借出 40 包，另一位开明绅士严慰仓的堂侄女婿、寨北乡第三村村长严俞珍借出 10 包。

麦船开进无锡城的前夜，严俞珍跑来对许士章说："日军占领无锡城以来，我三年多没敢进城，这次想要跟着麦船进城玩几天。"许士章当即拒绝了，说："你有一个侄儿叫严春亭，是无锡城里日军特工站的头头。这个人常年以'私通新四军'为罪名诈人钱财。你进城了，目标太明显，不安全。"当时，严俞珍于是表示不进城了。

谁知，第二天严俞珍偷偷躲在麦船里混进了城。上岸不久，他便遇见侄儿严春亭。不出许士章所料，六亲不认的严春亭果然向叔叔严俞珍"借钱"。严俞珍不肯，就被带到特工站拷打审讯。

很快，严俞珍支撑不住，供出了春耕合作社进城卖小麦的事情，还带领着严春亭的爪牙，把运麦子的船以及 105 包小麦全数交给了严春亭。

消息传到许士章所在的寨北乡，如同晴天霹雳，令大家十分震惊。许士章领着几个合作社的负责人赶到严俞珍家，要求其赔偿合作社的全部损失。严俞珍表示家中困难，难以赔偿。

于是，许士章决定，第二天上午在陈希濂家门前的小广场上召开全乡群众大会，公审严俞珍，要求他赔偿全乡的损失。严俞珍的家人急得像热锅上的蚂蚁，他找到开明绅士严慰仓想办法。恰巧，当天深夜，谭震林带领师部来到陈希濂家住宿。于是，严慰仓便找到谭震林，替严俞珍求情。

二、群众大会批判开明绅士严俞珍

第二天，群众大会如期召开。正在大会进行时，县委联络员刘云珍来到会场，对许士章说："谭震林师长请你过去说

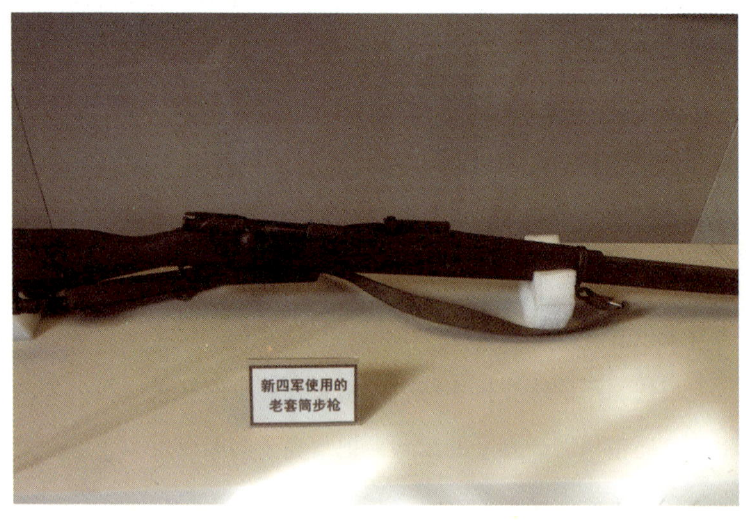

新四军第六师战士使用的老套筒步枪

话。”于是，许士章快步来到谭震林设在陈希濂家的办公室。进房间后，谭震林热情起身，给许士章倒水，并示意他坐下。

“你们在开会吗？开的什么会？”谭震林问道。

“全乡群众大会，公议要不要严俞珍赔偿麦子。”

“许乡长，我听说你们是合股做生意。既然是合股做生意，应该赚钱大家赚，赔钱大家赔，叫一个人赔太重了，是不是让大家分担着赔？”

年轻气盛的许士章一听，觉得谭震林是向着地主严俞珍说话。明明是严俞珍犯了错，导致大家的利益受损，怎么能让大家一起来赔偿呢？许士章越想越气，转身就走出大门，对着路边的草垛委屈地哭了起来，边哭边嚷道：“我总以为共产党新四军是帮穷人说话、帮穷人办事的，原来他们也是帮有钱人的……”

刘云珍跟着跑了出来，听了许士章的抱怨，便急忙捂住他的嘴。刘云珍压低声音对许士章说：“许士章同志，你不要忘了你是党员！一个党员，在新四军的司令部门前这样说话，会造成什么影响？”

许士章听了，便不再抱怨，只是一个劲地哭。

三、谭震林妥善处理赔粮事件

过了一会儿，谭震林的警卫员走了出来，对许士章说：“谭师长请许乡长一定进去谈谈。”许士章正在气头上，也不理睬。刘云珍抓着他的肩膀，严肃地说：“许同志，你还有没有组织性？谭师长叫你去，你有什么理由不去？”

于是，许士章跟着警卫员，再次走进了谭震林的办公室。

谭震林端起开水杯，递到许士章手中，扶他坐下，然后和蔼地说：“许士章同志，刚才我说话简单了一点，你的性子也急躁了一点。现在，咱们再好好谈一下，到底是怎么一回事？你细细地给我讲讲。”

于是，许士章抽泣着把麦子的事情详详细细地讲了一遍，谭震林耐心地听完。随后，谭震林说：“许乡长，刚才我没有了解情况，现在我收回刚才的意见。我理解你的心情，辛辛苦苦筹集来的资金全部断送了，怎么能不急？但是，我也想告诉你，我们共产党员办事情要有全局观念。”

新四军第六师缴获的日军机枪

接着，谭震林向许士章讲了党面临的实际困难，讲了抗日民族统一战线的重要意义。他说："第六师 2000 多人到这里，遇到的第一个问题就是要吃饭。许乡长，你有办法吗？恐怕 10 个人吃饭也对付不了。然而我只要给严慰仓写一封信，他一个上午就可以给我送来 20 石米。如果我们不团结他们，日本侵略军就会拉他们，那我们打日军就更困难了。不赶走日军，穷人怎么能翻身？开明绅士爱面子，我们要照顾他们的面子，不要催着他们立刻赔出来，也不要开大会出他们的洋相。过几天，我想别的办法让他们赔，你不用着急。"

新四军第六师使用的战地发报机、电话机

谭震林的话令许士章心服口服。想想自己刚才的做法，许士章惭愧地低下了头。谭震林继续说："许士章同志，我知道你一贯以来工作做得比较好，在群众中很有威信。你刚才在外面讲的那些话，是不对的，你应该挽回这个影响。我们共产党员，不是开明绅士，我们只服从真理，不讲究面子，有了错误就承认，就改正嘛！"

许士章听了，"嚯"地站起身，来不及向谭震林道别，就冲到大门口，大声说："乡亲们！我刚才没有把事情弄清楚，刚才我说的话是错误的。共产党是真正帮我们穷人说话、替我们穷人办事的。麦子的事，新四军正在为我们处理，现在大家回去，继续做春耕的准备工作！"

过了一段时间，谭震林又给许士章写了一封信，详细地说明党的政策、新四军的策略，以及如何劝说严俞珍赔偿粮食，同时又不伤害开明绅士的感情。在谭震林的指导下，很快，严俞珍就赔偿了全部的麦子，事情得到了圆满的解决。

资料来源：

金治主编：《回忆谭震林》，浙江人民出版社 1992 年版。

香　瓜

1931年九一八事变后，东北地区成为日本侵略全中国的后方基地和反对苏联的前沿阵地。在此情况下，中国共产党领导东北抗日联军，带领东北各族人民行动起来，抵抗日本侵略者，为收复东北国土而奋斗。为确保对我国东北的占领，日本制定“治安肃正计划”，调来军队对抗联部队进行军事“讨伐”和经济封锁。同时，对居民实行“归屯并村”，强化法西斯统治，切断人民群众同抗联的联系，断绝抗联的兵源和供给，使抗联的处境越来越恶化。在异常艰苦的条件下，党领导抗联各部队团结各族人民，坚持游击战争，进行顽强斗争。

一、突出重围的13名战士

1941年8月，在抗日战争最艰苦的年代，东北抗日联军第三路军第九支队，在大兴安岭东麓一带遭到日军的包围。由于敌我力量悬殊，战斗异常艰苦。经过一天的激战，在傍晚时分，一支 13 人的小分队，终于在枪林弹雨中突出了重围。

见部队离敌人的包围圈越来越远，第九支队支队长小屈示意大家停下，清点伤亡人数。战斗中，政委和许多战士壮烈牺牲了，幸存的 13 人中，也有 8 人身负重伤。支队长小屈一边给自己包扎伤口，一边鼓舞大家："千难万险都闯过来了，大家振作起来，一起打回根据地。"

东北抗日联军艰苦抗战场景复原图

8 月的东北，天气又闷又热。大家刚刚经过一场殊死激战，十分疲惫和饥饿。为了尽快找到安全的地方，大家忍着饥饿，互相搀扶，在森林里艰难地隐蔽前进。走着，走着，夜已渐深，月亮悄悄爬上了树梢。随着夜幕低垂，森林外的田野陷入了一片宁静。小屈见森林外已经没有敌人活动的身影，于是带领同志们走出森林，往北走去。正在大家忍饥挨饿赶路时，忽然一股扑鼻的瓜香顺风飘来，引得大家直流口水。小屈心想：这不是野生的瓜果，可能是群众种的。有瓜地就有看瓜人，或许可以向他了解这一带敌情，打听主力部队的情况。

二、夜里守瓜的老大爷

战士们来到瓜地旁，果然，看到有人正在守夜护瓜。月光下，一位五六十岁的老大爷，正端坐在窝棚里。他看见战士们走了过来，嘴里嘟嘟囔囔地自言自语起来："天都这么晚了，还管不住你们的馋虫，又来我这里摘瓜。"他语带愤怒，似乎十分生气。小屈独自一个人走上前去，来到老人跟前，轻声问："大爷，您好，吃晚饭了没有？"

老人像没听见似的，不理会小屈，气呼呼地把头扭向一边。过了一会儿，大爷没好气地大声道："我哪儿还有饭吃？白天我的瓜都叫你们给踏平了，晚上还来找什么？"小屈恍然大悟，知道大爷是认错了人，便往前凑了凑，诚恳地对大爷说："大爷，您认错人了。我们是抗日联军，没有毁过您的瓜田。"

"抗日联军？"老大爷抬起头，用疑惑的眼神看着小屈。他没有继续往下说，而是向其他的战士们身上张望，上上下下地打量。他见抗联战士们一个个骨瘦如柴、衣衫褴褛、满身是伤，却谁也没有动手在瓜地里摘瓜，便关切地问："你们真是抗联的？白天鬼子和汉奸在这里搜查得那么紧，你们在哪里躲着的？难道你们会上天入地？"小屈一听，乐呵呵地笑了，说："大爷，我们都是和您一样的穷苦人，哪里会什么上天入地呢！只不过我们藏得隐蔽罢了。敌人搜查时，我们就藏在森林里，敌人怕迷路，不敢进森林里搜，只敢在森林边缘放放枪。我们躲在大树根下面，有时候连小鬼子说话都能听到，可是他们就是不敢进来搜。"

听小屈说完，老大爷的表情由惊奇到敬佩，高兴地说："哎呀，要不怎么大家都说抗联里面个个是英雄好汉呢，那深山老林里，可不是一般人敢进去的。我看你们一个个都饿了，吃些瓜吧，垫一垫肚子。"说着，老人便提起地上的柳条筐，向瓜地里走去。

三、"果园不摘帽，瓜地不提鞋"

见老人要去摘瓜，小屈连忙劝阻，说道："老大爷，您种点瓜不容易，白天还让鬼子、汉奸们糟蹋了不少，我们说什么也不能吃啊！"说完，小屈拉住老大爷的手，让他不要去摘瓜。

老大爷一听，有些生气，说："小伙子，我知道你们抗联有纪律：果园不摘帽，瓜地不提鞋。可今天来我这里不一样，我不把你们抗联的当外人，你们也别把我当外人。不就是几个瓜吗?”说到这里，老人眼神中带着哀伤，叹了口气，说:“不瞒你们说，这些瓜确实是我老汉的命根子。我们全家七张嘴就指着这些瓜糊口呢！可是，鬼子、汉奸这帮坏蛋，整天从早到晚轮着找我老汉的麻烦。他们不仅专挑大的瓜吃，还用脚专门挑生瓜踩，这是作孽啊。我恨透他们了。不仅我家的地，这一带谁家没有受鬼子欺负过！哎，他们为非作歹，丧尽良心，早晚会有报应的!”

说完，老大爷执意进瓜地里摘瓜。不一会儿，他提着一篮半熟的香瓜，放在战士们面前，说:“来！大家别客气，解解渴!”战士们一整天没有喝水，嗓子早已经干得直冒烟。此刻，别说是沁甜的香瓜，就是苦瓜，战士们也能吃掉一箩筐。但是，大家看到老大爷辛辛苦苦种的瓜，被鬼子和汉奸破坏得一片狼藉，便谁也不忍心去伸手拿瓜。机枪手小秦粗声粗气地说:“老大爷，这些瓜您收好，回头还可以卖钱呢！我们不吃您老人家的瓜了，我们这里还有饭。”说完，小秦从怀里掏出一把饭团，就往嘴里填。老人闻着味道不对，抢过小秦手里剩下的半个饭团，心疼地说:“我说小伙子啊，这饭都馊成这样了，哪能吃得下去嘛！快扔了吧。老伴给我送的几块大饼子，还在小筐里。我现在心里有气，实在吃不下去，你们分吃了吧。”说完，老大爷从筐里拿出几张大饼，递到小秦手里。老大爷的行动像一股暖流，让刚刚死里逃生的战士们倍感温暖。

四、“好好打鬼子，替我们报仇！”

这时，小屈连忙上前，对老大爷说：“大爷，这实在不行。我们现在身无分文，也没有值钱的东西，买不了这些大饼。吃东西不给钱，这样做违犯我们的纪律。”老大爷并不理会小屈，又拿起筐里的香瓜，一个个硬塞到战士们的手里。最后，他拿着两个瓜，对小屈提高声量说：“这两个是你的。大家每个人都必须吃。你们不吃，那是看不起我！”

小屈见老人诚心诚意，实在不忍心辜负他的心意。但一想到部队的纪律，他又着急地说：“大爷，我们不是看不起您。只是，我们这样白吃白拿，和鬼子有什么两样？你们生活不容易，我们忍一忍就挨过去了。”老大爷一听，瞪大眼睛说：

大兴安岭林区

“快别提鬼子了。你们吃了我的瓜和大饼，就答应我，好好打鬼子，替我们报仇。等哪天鬼子都赶跑了，我们大家都过上安生日子了，你们再来找我还钱。要是你们抗联的战士饿死了、渴死了，谁还能替我们赶跑鬼子！”

小屈听完，便不好再继续坚持了。他眼含热泪，与大家一起捧着瓜，吃了起来。战士们一面吃着瓜，一面听老人讲述白天鬼子和汉奸搜查的情况，商议寻找主力部队的办法。

资料来源：

《中国人民解放军历史资料丛书》编审委员会编：《东北抗日联军·大事记　回忆史料　参考资料》，白山出版社 2011 年版。

工作纪律

赵尚志深夜查岗

赵尚志1925年夏加入中国共产党，是东北地区最早的共产党员之一。九一八事变后，他被任命为中共满洲省委常委、军委书记，先后领导创建了巴彦抗日游击队和珠河游击队。1934年夏，他将游击队改编为东北人民革命军第三军，活动于珠河（今尚志市）、滨江、宾县、方正、延寿、五常、阿城、双城、榆树、苇河等县。作为军长，他领导这支6000余人的部队，依托山区，化整为零，开展游击战争，伏击日军、伪军，袭击铁路交通，使敌人坐立不安，疲于奔命。

赵尚志

一、深夜醒来去查岗

1936年7月13日晚11时，赵尚志率领部队袭击了木兰县城内日伪军的江北三县（巴彦、木兰、东兴）联合指挥部，通过一个小时的激烈战斗，捣毁了伪警察署，击毙敌人11人，打伤7人，俘虏9人，缴获轻机枪1挺，子弹800余发，步枪24支。

东北抗日联军第三军军旗

赵尚志部的胜利，极大地震惊了日伪军，日军涩谷部队派出一支部队，企图“围剿”赵尚志部。赵尚志率领部队灵活机动，牵制敌人，来到穆家围子一带暂时驻扎。

部队驻扎下来后，战士们都十分疲惫，除了站岗的战士，其余的很快便入睡了。到了半夜时分，赵尚志突然醒来，起床下炕。刚调到赵尚志身边工作不久的副官钮景芳十分警觉，也醒了，轻声问道："军长，有情况？"赵尚志用手捂住嘴，凑到钼景芳耳边，说："轻声点，别把其他同志弄醒了，咱们去查查哨好不好？"

钼景芳一听要去查哨，忙一边点头一边穿好衣服，跟着赵尚志走出了房间。

二、"不能有半点粗心大意"

出了门，赵尚志伸了伸懒腰，问钼景芳："钼副官，你看这天气阴乎乎的，我们去查哨应注意些什么问题？"钼景芳一时不解其意，不知该如何作答。赵尚志便笑着说道："这样的天气，人容易犯困，哨兵最易打盹睡着。不像刮风、下雨或是明月高挂的时候，人一般比较精神。你说，是不是这个道理？"

钼景芳恍然大悟，说："军长，您想得可真细！"赵尚志继续说道："行军打仗，凡事都要细心琢磨，尤其是敌人刚刚吃了我们的亏，更要防范敌人来报复。作为一个指挥员，与打仗有关的方方面面都要研究透，不能有半点粗心大意，否则出了漏洞，就会让敌人钻空子，牺牲的可是战士们宝贵的生命啊！"

钼景芳好奇地问道："军长，偶尔打个盹，情况应该不会太严重吧？"赵尚志语重心长地说道："怎么不会！有一次部队驻在包家岗，那晚也是今晚这样的天气。一个哨兵睡着了，敌人偷偷摸了上来，幸亏咱们的少年连有个战士半夜起来，及时发现敌情，才没有造成损失。你记住，管理部队最怕懒，不查岗不查哨，敌人来了大家脑袋掉了还不知道咋回事。自己死了事小，部队没了怎么向党和人民交待？”钮景芳听了，郑重地点了点头。

三、严格要求哨兵

赵尚志和钮景芳一边说话一边走路，不知不觉便来到离村西路口哨位十来米远的地方。哨兵发现了他们，便喊道：“谁？口令！”钮景芳回答了口令后，赵尚志走上前去，一边观察哨兵的举止神态，一边检查哨兵的枪支弹药情况，然后连声赞扬道：“好！好！很精神！”然后，他扭过头，问钮景芳道：“钮副官，刚才你发现什么问题没有？”

钮景芳环视四周，想了想，说：“报告军长，一切都很好，没有发现什么问题。”赵尚志于是又问道：“哨兵问口令时，距离我们有多远？”“十来米吧。”钮景芳答道。

“问题就在这里，”赵尚志看了看哨兵，又看了看钮景芳，继续说道，“这么近才问口令，敌人会不会一个箭步冲到跟前干掉你？我看很有可能。所以发现情况后必须远距离问口令，这样才能防止敌人摸上来。”随后，赵尚志拍了拍哨兵的肩膀，提醒道：“以后可要提高警惕哦！”

检查完村西路口的哨位，赵尚志二人又继续向村东的哨位

位于哈尔滨的赵尚志故居

走去。他们很远便看见哨兵在灯光明亮处走动。赵尚志指着哨兵，对钮景芳说："你看，把自己完全暴露在明处，这不是白白送死吗？"

当二人走近哨位时，赵尚志首先批评了哨兵，然后又对他详细解释为什么要站在暗处的原因。随后，赵尚志又回过头来，对钮景芳说："钮副官，你回答口令时也要根据实际情况，无风时声音要小，风大时声音要大，要让哨兵听清楚。这些常识你不但要自己掌握好，今后带兵了，还要教育你的部队。"

四、细致入微、从严治军

查完哨，在回去的路上，赵尚志又问钮景芳：“今晚的哨岗你是怎么设的?”钮景芳答：“根据此处的地势，东西路口各设了一个，正南设了一个。”赵尚志点了点头，说：“设得对！比过去有进步。设岗要考虑全面，千万不能有侥幸心理。在村子里设岗，主要考虑敌人来偷袭时，我们怎么撤，因为村庄的地势不适宜同敌人硬拼。在山上设岗，要把哨岗设在山梁或山头等高处，这样能及时发现敌人。”

钮景芳一边听一边思考，并请教道：“军长，如果是白天在丘陵地带怎样设岗?”赵尚志答道：“也要设在高处，但一定要化装成老百姓，比如放牛的或打柴的，不要带长枪，要带短枪，这样才保险。”

赵尚志用过的手枪

这次难忘的查哨经历，令钮景芳受益匪浅，同时他也被赵尚志细致入微、从严治军的态度所深深打动。

在赵尚志的领导下，第三军始终坚决贯彻党的方针政策，不仅成为抗日队伍中的一支劲旅，而且成为北满地区抗日武装的核心，在它的周围聚集了许多抗日义勇军、山林队。日本侵略者因此十分忌惮赵尚志，曾悬赏一万元通缉他，甚至叫嚣“一钱骨头一钱金，一两肉得一两银。”不择手段的侵略者还曾多次派遣特务混入第三军内部，企图暗杀赵尚志，均未得逞。

1942 年 2 月 12 日，赵尚志在率部袭击鹤岗梧桐河伪警察所时，因伤势过重被俘。面对敌人的威逼利诱，他坚贞不屈、怒斥敌人，最终壮烈牺牲，时年 34 岁。

资料来源：

1. 中共中央党史研究室著：《中国共产党历史》（第一卷）（上册），中共党史出版社 2011 年版。

2. 赵俊清著：《赵尚志传》，黑龙江人民出版社 1990 年版。

3. 赵俊清著：《赵尚志年谱》，黑龙江人民出版社 2008 年版。

4. 周保中等著：《密林篝火》，战士出版社 1983 年版。

艰难的“换帽子”

佩戴八路军军帽的彭德怀

1937 年 7 月 7 日，卢沟桥事变爆发，全国性的抗日战争从此揭开了序幕。8 月 25 日，中共中央军委发布中国工农红军改编为国民革命军第八路军的命令，同时成立了八路军总部。9 月改称第十八集团军，朱德任总指挥，彭德怀任副总指挥，叶剑英任参谋长，任弼时任政治部主任。第十八集团军下辖三个师：第一一五师、第一二〇师、第一二九师。

一、最难做的思想工作

徐立清1929年加入中国工农红军，1930年加入中国共产党。全面抗日战争爆发后，他先是任八路军第一二九师政治部组织股股长兼骑兵团政治处主任，后又接替王新亭，任第一二九师政治部组织部部长。履新之后，他工作中的首要任务，便是处理红军改编为国民党军队中出现的“换帽子”问题。这几乎是最难做的思想工作。

徐立清

红军与国民党军的服装都是中山装，差别并不大。最大的不同在于帽子，红军的帽子不论是六角帽、八角帽，上面都有颗红布做的五角星，而国民党军的帽子则缀着“青天白日”的国民党党徽作为帽徽。根据国共两党议定的改编红军协议，红军全体指战员必须把帽子上的五角星帽徽摘下来，换上国民党的“青天白日”帽徽，穿上国民党军统一的军服。

曾经10年相互厮杀，如今却要穿上同样一身军装，戴着同样的帽子，这使得相当一部分红军干部、战士，从感情上难以接受。多年来，他们一直同国民党军队势不两立。在他们的眼里，红星早已是革命的象征，而“青天白日”的白帽徽则是反革命的标志。多年来，有多少革命同志，被戴着“青天白日”帽徽的敌人杀害。红军与国民党是不共戴天的仇人，看见“青天白日”的帽徽，他们仿佛就看见了敌人。

现在，却要求他们戴上“青天白日”的帽徽，许多干部、战士表示很难接受。一些人甚至表示：“宁可回家当农民，也不穿国民党的军装，不戴‘青天白日’军帽。”还有的人说：“参军就是打国民党反动派，打来打去，我们也成了国民党了。”

二、首先做自己的思想工作

其实，作为负责思想政治工作的徐立清，对这个问题，同样也想不通。他对人说：“对改换红军帽，我在感情上是接受不了的，戴上国民党军队的‘青天白日’帽，该有多不舒服啊。”徐立清的不满，甚至发展到一种怨恨、困惑、沮丧和委屈的复杂情绪。

徐立清及广大干部、战士的情绪，师长刘伯承和政委张浩都看在眼里。连续数日，刘伯承、张浩反复组织召开各种会议，向干部、战士宣讲形势转变关头党和红军的战略方针和基本任务，解释改编的意义和策略。为安慰大家，刘伯承说：“换帽子不过是个形式，人民军队的本质不会变。”他还动员大家进行讨论，进一步明辨是非，统一思想。

在刘伯承、张浩的努力下，作为师组织部部长的徐立清，

第一二九师政治委员张浩

逐渐意识到，不仅要首先做通自己的思想工作，而且还要引导大家想通这个问题。

一天，政委张浩要求政治工作部门多注意掌握部队改编后的思想动向，并点名让徐立清带领一个工作组，到问题比较集中的教导团去，深入做干部的思想工作。

徐立清到达教导团后发现，干部、战士普遍对换帽子、换服装抵触情绪非常大。他们当中，不少人有牢骚和委屈，因此，把下发的国民党帽子，捏在手里或是挟在腋下，就是不愿戴在头上。个别性格急躁的人，甚至还把帽子塞进裤兜里，或是甩在地上。

徐立清看到这些情况后，经过与组织部的同志商议，确立了工作思路。他首先沉下心来，和战士们吃住在一起，抓住各种机会与他们聊天、拉家常，通过聊天说清楚换帽子的重要意义。对于个别强烈反对换帽的同志，徐立清则私下找到他们谈话，对他们进行开导。

一段时间后，徐立清又组织纠察队，开展检查工作。纠察队的主要职责，一是督促干部、战士按规定着装；二是督查部队执行换装命令的情况。徐立清每次都随同纠察队，检查部队换装情况。

然而，新的问题又出现了。徐立清发现，纠察队走到哪里，干部、战士只是把帽子往脑袋上一扣，以示应付。等到纠察队员一离开，干部、战士们头上的帽子，便马上又被拿掉了。

徐立清看到这些情况，从内心深处来说，十分理解。他深深地感到战士们对红军有着深厚的感情，对革命有着坚定不移的忠诚。然而，徐立清也明白，军人必须以服从命令为天职，不能犯自由主义的错误。于是他不厌其烦地对这些“思想顽固”的战士，进行劝说和批评。

三、“我们的心永远是红的”

在劝说和批评的过程中，有一个脾气比较大的干部，对徐立清发火说：“蒋介石杀了我们多少共产党员和红军战士？逼着我们爬雪山、过草地，连草鞋上绑的牛皮鼻子都吃了，这仇怎么报？”

面对质疑，徐立清耐心地说：“要相信上级的决定是正确的，为了共同抗日，我们只有执行，等打了胜仗，我们再把国民党的帽子扔掉嘛。”

为了减轻工作阻力，满足大家对红军帽的留恋，徐立清还把县城里的照相师傅请到部队，给大家拍照。他让战士们把红军军装穿上，扎好绑腿，穿上新草鞋，拿好武器，端端正正地戴好红军帽，然后每人照一张标准的“红军像”留作纪念。徐立清的良苦用心，起到了明显的效果，许多人的抵触情绪渐渐消失了。

李镜如

然而，还是有个别干部想不通换帽子的问题。当时宣传科的副科长李镜如就是典型的例子。一天，李镜如找到徐立清，说："算了，我这个副科长不干了，我想不通，更不能去做别人的工作。"

徐立清开导他说："镜如，想法归想法，意见归意见，但咱们还要顾全大局，换帽子不过是个形式，人民军队的本质不会变嘛。"随后，徐立清又苦口婆心地劝说李镜如，终于使他想通了。

经过徐立清耐心细致的工作，许多同志渐渐想通了换帽子的问题。

1937 年 9 月 6 日，刘伯承、张浩决定举行第一二九师改编和出征誓师大会。全师指战员在蒙蒙细雨中，列队整齐，秩序井然。刘伯承站在主席台上，神情严肃，大声对大家说："经过我们共产党的努力，抗日民族统一战线建立起来了。我们共产党人要把祖国和人民的利益看成最高的利益，现在大敌当前，国家民族危在旦夕，我们暂把阶级的仇恨藏在心里，和国民党合作抗日。从今天起我们就是国民革命军第八路军第一二九师了。同志们，为了救中国，暂时和红军帽告别吧！"

说完，刘伯承拿出一顶军帽，指着“青天白日”帽徽说：“这顶军帽上的帽徽是白的，可我们的心永远是红的。”接着，刘伯承扫视了一番队伍，把有“青天白日”帽徽的帽子戴在头上，然后发出严肃的命令：“全体注意，现在，换帽子。”

八路军东渡黄河开赴华北抗日最前线

霎时间，全师指战员的眼睛饱含热泪，大家一齐戴上了新的军帽，把换下来的红军帽仔细折叠起来，小心翼翼地揣进怀里。这时，雨开始下起来，指战员的脸上，泪水、雨水混合在了一起，凝聚成一种革命必胜的坚定信念。大家摩拳擦掌，斗志昂扬，带着这种信念，准备出征抗日前线。

资料来源：

申青、怀君著：《让衔将军　记我军优秀政治工作领导者徐立清》，解放军出版社 2001 年版。

杜绝官僚主义作风

1936 年，红军长征到达陕北后，在陕北开始建立革命根据地。为了妥善安置在长征中为革命事业做出贡献而导致身体伤病、残疾的同志，中央卫生部建立了一些医院，专门安置这些伤病员，让他们安心养病、早日康复。然而，尽管出发点是好的，但是由于当时条件艰苦，医院设备简陋、药品奇缺，医护人员水平也有待提高。因此，对伤病员的关心照顾还远远不够，导致许多伤病员意见很大。此外，一些伤员伤愈后，留下了终身的残疾，失去了继续作战的能力，因此不能重返战斗部队。他们也不愿继续留在医院，便纷纷向上级提出申请，要求回到南方老家去务农。

一、伤病员要求回南方老家

1938 年正月的一天，延长、延川、宜川等县军人医院的 200 多名伤员，在延长县集合，要求集体去延安请愿。他们还派了几名代表，找到两延（延长、延川）河防司令部司令员何长工，向他说明，表达诉求，要求回南方老家。

延长县的黄河渡口

何长工了解完情况后，觉得事情很严重。他对代表们说："大家辛苦了，首先是我的工作没做好，我要作自我批评。大家的要求并不过分，比较通情达理，我一定尽力向上级反映。但是，大家也要想一想，如果我们有事就上延安，那么会给党中央增添多少麻烦啊！所以，请大家少安毋躁，先在延长住下，耐心等待消息。大家觉得怎么样？”

一名代表听了，回答说：“我们也是替党和陕甘人民着想。三个方面军在陕甘会合，本来人民的负担就已经很重了，物资供应也困难。现在我们在这里饭来张口、衣来伸手，既不务农也不打仗，还不如早点回老家，减轻陕甘人民的负担，还可以为老家做点工作，扩大我党我军的影响。请何司令员将我们的想法向上级反映。”

何长工听了，十分感动，说：“大家不愧是经过长征锻炼的战士，都有高度的政治自觉。我们的工作没跟上，对大家的关心不够，对大家的思想状况了解也不够。这些，我会向上级作深刻检讨。”

二、向毛泽东进行汇报

事后，何长工一面给负责八路军后方工作的杨立三打电话，请他速派人来处理；一面又拿起电话，把事情向毛泽东进行了汇报。

毛泽东听何长工说完情况，停了一会儿，问道：“长工同志，你是怎么处理的？”

“我先安排他们住下了。下一步，准备把他们的生活搞好一点，让他们好好休息一下再说。”何长工回答。

“你发火批评他们没有？”毛泽东关心地追问道。

“我没有批评他们。我首先做了自我批评，是我们工作没

何长工（右一）

做好。”何长工连忙回答。

“那就好，没有责备他们就好。这些同志大部分是长征过来的，流过血，对革命有贡献，现在伤残了，没有向党伸手要什么，就是要求我们改进工作，这很好，即便提出要求回老家去也是合情合理的，是些好同志啊！”

过了片刻，毛泽东接着又说：“长工同志，这个事情我们没搞好啊！”毛泽东简洁而又认真的话语中略带责备，一字一句，仿佛石头一般敲打着何长工的心。之前，尽管何长工主动承担了责任，做了自我批评。但是，他在主观上仍旧认为，负直接责任的应该是卫生部，河防司令部不过是替卫生部临时代管一下医院。

毛泽东敏锐地察觉到了何长工的想法，语重心长地教育说："我们确有官僚主义，我们要承认这种官僚主义，要发动伤病员给我们提意见，'动手术'，医治这种官僚主义。"顿了一会儿，毛泽东继续作出指示："长工同志，请你替我转告伤员同志们，就说毛泽东和中央领导的窑洞已经腾了出来，欢迎他们到延安来住，整整我们的官僚主义。"

听了毛泽东的教导，何长工更加清醒地意识到，作为一个领导干部，不能遇事诿过敷衍、不负责任，要勇于承担责任，积极地去解决问题，把工作做好。

三、将问题妥善处理好

结束与毛泽东的通话后，何长工赶紧来到伤病员的宿舍，向他们转告毛泽东的慰问和指示。伤病员们听完之后，都十分感动。一个伤员动情地说："毛主席虚心听我们的意见，真是跟我们血肉相连、心心相印。"另一个中年伤员捶胸顿足地说："长工同志，请你替我们转告毛主席，我们不去延安了。"众人听了，也都纷纷附和，请何长工替大家转达共同的心声。

于是，何长工将伤病员的全部意见都记录、整理下来，以便研究改进工作。过了几天，对事情仍旧不太放心的毛泽东来电，要求何长工去延安。在延安，毛泽东向何长工详细询问了医院和伤病员的情况。他说道："我听说你们把医院起名叫

‘残废医院’，以后不要这么叫了。这个名称对伤员人格不尊重，任何人到那里去，都会对这个名词反感。我和李富春同志议了一下，准备把医院改名为荣誉军人教导院，你就做总院院长，再给你派个政委和卫生科长去，河防司令部另派人去工作。”

说到这里，毛泽东和颜悦色地望着何长工，郑重地说：“长工同志，这个事情很重要，搞不好会影响前方部队士气。现在暂时没有合适的人选，你先去工作吧。”

何长工听了毛泽东的话，坚定地说：“谢谢主席信任。主席放心好了，我去。”

毛泽东又说：“好！我们还要召集伤病员代表和卫生部门一起开个教导院工作会议，伤员们有什么意见、有什么好的办法都说出来。会议地点定在延安，伤病员要多派些代表来。不要怕给中央添麻烦。要尊重群众意见，这是我们党的路线的根基，况且他们为人民立下了不朽的战功，应当尽量满足他们的愿望。以前有问题没及时处理，让问题成了堆才处理，这是个深刻的教训呀！”

根据毛泽东的指示，何长工回到延长县的司令部后，起草了一个筹建荣誉军人教导院的方案，派人给毛泽东送去。毛泽东看了后，回信表示同意，并做了一些具体而又明确的指示。

1938 年 2 月底，荣誉军人教导院成立大会在延安隆重召开。到会的代表有 60 多人，其中伤病员代表和医护人员代表各占一半。李富春、滕代远及八路军总部、供给部、卫生部的有关领导同志也都参加了会议。

会上，大家畅所欲言，提了许多积极的意见和建议。后来，毛泽东也闻讯到会，并做了重要的讲话，欢迎大家多提批评意见。为了解除伤病员的顾虑，他诚恳地进行了自我批评，表示：过去工作没有做好，责任在有关部门和同志没有做好组织工作，缺乏主动精神，没有去抓伤病员的康复工作。同时，他还指出了一些客观的困难，请求大家谅解。

国民革命军第八路军驻陕办事处旧址

讲话的最后，毛泽东向大家宣布，有的同志要求回南方老家，这个问题由周恩来同国民党交涉，在大家人身安全得到保障的前提下，才会安排大家返回南方。

后来，经周恩来交涉，何长工具体负责，将绝大多数因伤、因病致残的荣誉军人送到八路军驻陕办事处，再由办事处把他们送回了各自的家乡。同时，新成立的荣誉军人教导院，也在延安城西南的中央军委留守处正式开始办公。

资料来源：

何长工著：《何长工回忆录》，解放军出版社 1987 年版。

罗荣桓平反冤案

湖西地区处于苏、鲁、豫、皖四省边界，紧靠津浦、陇海两条铁路干线，逼近战略要地徐州，是连接华北与华中两大战略区的纽带。抗日战争开始后，湖西人民在当地党组织领导下，发动了多次武装起义，1938 年 6 月，成立了湖西“抗日义勇队第二总队”。李贞乾任总队长，王文彬任政委，郭影秋任政治部主任。这支部队后改称八路军山东纵队挺进大队，为开创湖西抗日根据地作出了重要贡献。

李贞乾

1938 年 12 月，日伪军在湖

西进行首次“扫荡”，当地伪军王献臣部，在日军支持下，疯狂进犯我根据地。由八路军一一五师六八五团改编的苏鲁豫支队到达湖西，击垮了王献臣部。随后，苏鲁豫支队与山东纵队挺进大队合编，仍称八路军苏鲁豫支队。

1939 年 5 月，根据上级命令，苏鲁豫支队一部分转移到陇海路以南、津浦路以西的萧县、砀山、永城、宿县一带开辟根据地，一部分转移到陇海路、以南津浦路以东的铜山、灵璧、睢宁、宿迁一带开辟根据地。苏鲁豫支队第四大队，则留在湖西地区坚持斗争，梁兴初任大队长，王凤鸣任大队政委。两人同时又是湖西军政委员会的负责人。

一、野心家王凤鸣

此后，作为大队政委的王凤鸣独揽了湖西边区的党政军大权。他是个野心家，经常以当过红军、参加过长征自命不凡，骄横跋扈，为所欲为。他对当地干部很不尊重，曾和一些同志发生过争吵。为了报复，他竟利用“肃托”为借口，陷害无辜的同志。

王凤鸣与湖西地委组织部部长王须仁狼狈为奸，几乎天天抓人，天天杀人。八路军一一五师政委罗荣桓得知情况后，立刻发来急电，严令王凤鸣停止捕杀，山东分局也多次发来同样内容的急电。但是，王凤鸣和王须仁，不仅拒不执行，反而制造谣言，说中央和分局来电报，要他们继续“肃托”。他们还把各县、区的干部都调来“受训”，以办训练班的名义，把几百名干部关押起来。

王凤鸣独揽“肃托”大权，甚至连大队长梁兴初也被关了起来。许多被无辜关押进牢房的干部，逐渐认识到所谓“肃托”，完全是王凤鸣、王须仁等人制造冤案的借口，于是积极想办法，准备向上级报告。湖西区党委组织部部长郝中士、青年部部长孙衷文、地委书记李毅等被关押在一起，他们经过商量后，给山东分局和一一五师分别写了一封信，报告湖西“肃托”的情况，请求上级前来救援，并托小贩带出了关押地。求救信经过辗转，最终到了罗荣桓的手中。

二、罗荣桓及时赶到

求救信发出后不久，一个振奋人心的消息突然传进牢房里，人们欣喜若狂地互相转告：“罗政委要来了！”

原来，前几天师部来电报告知罗荣桓要来湖西。为迎接罗荣桓，师部派出侦察科科长先到湖边侦察敌情，没想到他刚刚从湖边回来，就被诬为“托派”抓起来了。进了牢房，侦察科科长便向众人宣布了罗荣桓要来的消息。

阴暗的牢房立刻活跃起来，大家都在积极准备向罗荣桓揭露湖西“肃托”的真相。然而，在这个时候，王凤鸣、王须仁却正密谋把梁兴初、李贞乾、郭影秋等几位被关押的负责同志杀掉，企图在罗荣桓到达之前造成既成事实，死无对证。

罗荣桓

但是，王凤鸣、王须仁还未来得及下手，罗荣桓就赶到了。为了防止王凤鸣捣鬼，罗荣桓决定不进王凤鸣的驻地，而是驻扎在附近的一个村子里。他将随行部队部署在周围警戒，先派人去通知王凤鸣前来汇报，同时把保卫部的干部组成两个小组，立即深入下去，访问群众、干部和被害人员家属，调查事件真相。

王凤鸣一跨进门槛，就看到罗荣桓双眉紧皱，从眼镜后面射出愤怒的目光。王凤鸣行了个军礼，赶紧低下脑袋。王凤鸣还有一点侥幸心理，认为罗荣桓不会一开始就批评他，便带了些早就准备好的材料，打算蒙混一阵。

罗荣桓一眼就看穿了那些材料不是原始的审讯记录，而是为了应付他重新编写的。他不屑看王凤鸣编造的那些材料，也没有听完王凤鸣那繁琐的汇报，就单刀直入地问："你为什么把梁兴初抓起来？"

"他是托派，和徐州敌人有勾结。"王凤鸣振振有词地回答。

"有什么证据？"罗荣桓追问。

“有别人的口供。”

“这口供是怎样弄来的？”罗荣桓严厉起来，不等王凤鸣回答，又进一步追问：“你有没有打人？有没有逼供？有没有用刑？”这一连串问题，好似连珠炮。王凤鸣招架不住，慌了手脚，不得不吞吞吐吐地承认打人、逼供、用刑。

罗荣桓气愤地说：“用刑罚逼出来的口供，算什么证据！如果别人的历史你不了解，梁兴初的情况你还不知道吗？他爬过雪山，走过草地，身上被打穿了十几个窟窿，怎么就被你打成了托派了！”

王凤鸣还想狡辩，罗荣桓一拍桌子，厉声责问道：“你抓了那么多人，杀了那么多人，既不请示，又不报告，你无法无天到什么地步！我要不是带着部队来，我看你也会把我抓起来。”听完罗荣桓的训斥，曾经不可一世的王凤鸣，失魂落魄地瘫坐在椅子上。

训斥完王凤鸣，罗荣桓立即去看望被囚禁的梁兴初、李贞乾等同志。衣衫褴褛、面色憔悴的梁兴初，看到罗荣桓走进来，立即扑上前去，紧紧抓住罗荣桓的双手，泣不成声地说：“罗政委啊，您再晚来一步，我们就见不到您了！”

罗荣桓搀扶着他坐下来，看着梁兴初身上的伤痕，他愤慨地说：“这简直是胡闹！”他向梁兴初问了一些情况，并说明他是专为处理这个问题来的，要梁兴初马上回去整理部队，准备反击敌人的“扫荡”，并勉励他好好工作。

接着，罗荣桓又去看望李贞乾。他是受刑最重的一个。当罗荣桓走进去的时候，他挣扎着要坐起来，罗荣桓赶紧迎上前去。随行人员介绍说：“这就是罗政委!”李贞乾没有见过罗荣桓，他那深沉的眼睛闪烁着激动的光芒，一时不知道说什么好。也许罗荣桓从那目光中看到还有一点疑虑，便安慰他说：“李贞乾同志，你受委屈了！你是位好同志。为了开辟湖西根据地，你和区党委的同志们做了许多工作，党是知道的。”李贞乾听着这些恳切的言语，眼泪夺眶而出。罗政委派人将李贞乾转送卫生队，并亲自叮嘱卫生队负责人，要细心看护，精心治疗。

李贞乾烈士纪念塔

三、为湖西“肃托”冤案平反

湖西革命烈士纪念塔

经过调查，罗荣桓认为，湖西的“肃托”是靠逼供信搞起来的，这个基本事实已确定无疑，因此不需要一个一个地调查。于是，罗荣桓决定快刀斩乱麻，将被无辜关押的同志统统释放，恢复原来的工作。然后根据情况，进行必要的调查和善后处理。

几百名同志一下子重获自由，好像春潮冲破冰封，仿佛黑夜重见光明，人们很难掩饰激动的心情。罗荣桓召集被释放的同志开会。面对一双双热泪盈眶的眼睛，罗荣桓亲切地说：“同志们！你们受苦了，受委屈了！我代表山东分局和一一五师向你们慰问！慰问受冤枉的同志，慰问无辜受害者的家属！”

场上响起热烈的掌声，人们再也抑制不住自己，接着是一阵激动的哭声。这哭声发自对党的感激、对死难者的哀痛、对刽子手的愤恨。罗荣桓的眼睛也被泪水打湿了，他激动地说：“这不仅是哪一个同志的不幸，这是我们党的严重损失！这是由于逼供信而造成的又一次惨痛的教训。”他痛心地指出，由于湖西“肃托”的严重错误，破坏了党的威信，削弱了党的战斗力，损害了我党我军和群众的鱼水关系。他号召全体同志，要加倍努力地工作，尽快地挽回这一事件给党造成的恶劣影响。

至于王凤鸣，由于他很年轻，又经过长征，罗荣桓当时认为他是受人利用，在政治上犯了错误，因此对其进行了严肃批评，之后，将其调离湖西，分配到第六八六团任团长。随着冤案的不断查清，1940 年 10 月，罗荣桓在给党中央的一份电报中提出：“王凤鸣因‘肃托’错误严重，拟撤销工作调回政治部，在部队内开展深入斗争。”1941 年 2 月，党中央决定判处王凤鸣徒刑。罗荣桓对党中央的决定，表示坚决拥护。他立即将王凤鸣叫到师部，向他宣布开除其党籍。随后，准备将其押送到延安，执行徒刑。王凤鸣自知罪恶深重，事先得到风声，连夜逃跑，投敌当了汉奸，此后下落不明。

资料来源：

黄瑶著：《罗荣桓传》，当代中国出版社 1991 年版。

人在电台在

1942 年春，日军对晋察冀抗日根据地特别是冀中根据地进行全面蚕食，切断各区之间的联系，使冀中地区陷于孤立。5 月初至 6 月底，日军华北方面军对冀中平原进行残酷大“扫荡”，企图消灭冀中地区中国共产党的领导机关和八路军的主

冀中人民热烈欢迎八路军的场景

力部队，完全控制冀中地区。中共冀中区委和冀中军区，指挥主力部队3万余人，在冀中人民的配合下，在内线坚持斗争，主力部队则转移至外线寻机歼灭日伪军，展开反“扫荡”作战。

一、失散

1942年6月初，冀中军区第八军分区的司令员常德善和政委王远音，率领第二十三团二营来到滹沱河北岸活动。电台队的屈队长率领队员，带着一部电台随行，以方便随时与其他部队保持通信联系，指挥军分区的反“扫荡”斗争。

常德善

6月8日拂晓，常德善、王远音率领的部队被敌军包围在肃宁县东南的顶汪村。由于敌人的兵力众多，因此常德善决定率部向东北方向突围。队伍一口气跑了15里路，穿过了河（间）肃（宁）公路后，突然，侦察连派人向常德善报告：“西边不远处，发现敌人。”

常德善拿起望远镜观察，只见西边约1000米外的田间小道上，无数敌人骑着自行车，冲了过来。“司令员，东北有敌人骑兵!”紧接着，又有一名侦察员前来报告。常德善又转过身，向东边观察。果然，敌人的骑兵正向这边冲来。常德善收起望远镜，命令部队一边阻击，延缓敌人攻势，一边向北突围。接着，他看了电台队一眼，大声说道：“电台队跟我来，不要掉队!”

随后，担任阻击任务的战士们，马上找好隐蔽地形，同时向东西两个方向的敌人进行射击。敌人受到猛烈的射击，一时乱作一团，有的骑兵从马上栽了下来，有的连人带车摔倒在地。然而，敌人的兵力终究占有绝对优势。很快，潮水般的敌人从东南西三面蜂拥而至。情况十分危急，如果再不迅速突围，八路军的部队就有全军覆没的危险。

危急之中，电台屈队长清点了一下电台队人员、设备的情况：摇机员小高背着收发报机，蔡娃子背着手摇马达，指导员赵宪彬、分队长关福才、报务主任庞树楷，以及队员张二愣、张冠儒，一齐护着电台，跟着大部队飞奔。

手摇马达十分沉重，屈队长见背马达的蔡娃子累得气喘吁吁，便跑上前去，问：“蔡娃子，怎么样?”“队长，我能行，你放心!”蔡娃子一边喘着大气，一边说。然而，蔡娃子的话音还未落，突然“轰”的一声，一颗炮弹突然落在离他几步远的地方。

屈队长下意识地大声喊道：“娃子，卧倒!”只见蔡娃子双手护头，伏身倒地。一旁的报务主任庞树楷立即扑到他背上，用身体挡住飞起的石头、泥沙。屈队长为了提醒蔡娃子，自己错过了躲避的时机，被炮弹的冲击波震得两眼直冒金星。他腿部受伤，跪在地下，模糊地看见庞树楷扶起蔡娃子，跟着前面的队伍，继续突围。屈队长强撑着身体，拖着两条伤腿，吃力地继续往前走。然而，两条腿却始终迈不开步子，使他渐渐落在部队的后边。不一会儿，屈队长看见大家的身影都消失在了麦地里。他向左右探望，日军已经扑了过来，有的蹬车，有的骑马，也有的端着枪步行。最前面的 3 个日军已经离他只有不到 30 米了。

屈队长心里暗叫“不好”，便扭头向南，费力地钻进一片密密麻麻的如人一般高的麦地里。他趴在地下，迂回爬行，然后蜷缩身体，拔出手枪，仔细观察麦地外边的动静。他已经做好了牺牲的准备，但是仍想着在牺牲前杀掉几个敌人。

幸运的是，过了好长一段时间，屈队长始终不见麦地附近有响动。想必是自己掉头向南的原因，敌人为了向北追八路军，便放过了自己。屈队长从麦地里探出头，四周张望，果然，大群敌人正蜂拥向北。屈队长暂时逃过一劫，却不禁为同志们担心起来：敌人这么多，同志们能突围吗？

预料敌人随时有返回的可能，再加上自己腿上有伤，屈队长继续躲在麦地里，等待天黑后再去寻找队伍。等了好久，太阳终于落到地平线之下。见证了一整天激战的麦地，也昏暗下来，被一片浓浓的夜雾笼罩。屈队长缓缓站起身，看见北边远处若隐若现的村落，决定先去那里。他警惕地向四周扫视一遍后，轻轻跨出麦地，向北而去。才走了几步，他忽然看见前面庄稼地里有个黑影一闪而过，便警觉地蹲在路旁，暗中观察。原来黑影是二营的一个侦察员。屈队长十分高兴，心想：看来大部队没有走远。

二、悲伤

侦察员也看到了屈队长，忙快步上前，拉起屈队长说："屈队长，作战股长正派人四处找你们，快跟我走！"随后，在侦察员的搀扶下，屈队长向北来到一个村子，走进村口的一间平房。他刚进屋，炕上立刻跳下两个人，紧紧握住了他的手。屈队长借着桌上灯光细细一看，原来是作战股长晓冰和机要股长张庆丰。没等屈队长开口，两人就急切地问道："老屈，你回来啦！电台怎么样？"

"我是一个人回来的，电台……"屈队长被突如其来的问题问得窘迫不安起来。他本以为只是自己掉了队。晓冰见屈队长的反应，马上明白了情况，便宽慰说："别着急，先休息一下，吃点东西。"张庆丰也把屈队长往炕上请，说："先坐下歇歇！"

屈队长这才想起，自己已经一天没有吃饭了，肚子早已唱起了"空城计"。可是，接过张庆丰递来的饭碗，他却一口也咽不下去，他始终放心不下电台队的同志们。他向晓冰、张庆丰了解突围情况，才知道突围出来的同志，大部分都集中在这个村子里。其中，电台队只有机务员贺清池等三人，设备只带出来了一组电池。更令人难过的消息是：司令员常德善和政委王远音都在突围中壮烈牺牲了。

血海深仇！
敵在晉察冀燒殺慘狀
城鄉變為廢墟屍體滿佈田野
民衆紛組「服仇隊」誓滅日寇
華北敵寇毒狠陰謀
圍捕壯丁百萬遷滿
寇加强分割封鎖我抗日根據地
敵寇殘酷燒殺姦淫
民衆對敵啣恨入骨
婦女被殺當祭禮
熾火熊熊燒孩童

当时报纸关于日军摧残抗日根据地的报道

听完之后，屈队长心里非常难受，他把饭碗放到桌上，拉起晓冰、张庆丰来到油灯边，研究下一步的行动计划。他知道，现在不是悲伤难过的时候，危急时刻更要振作起来和敌人斗争。因为按照以往经验，明天敌人肯定还要来“扫荡”。当务之急，是找军分区的主力部队。可是，茫茫的平原，主力部队究竟在哪里，谁也没有头绪。想到这里，屈队长不禁叹了口气：“哎，有电台就好办了！”屈队长见二人都沉默不语，心里更加不安，对晓冰和张庆丰说：“老晓，老张，我看先在这附近隐蔽两天，等我把电台找到，联系上了军分区，我们再走！”

然而，晓冰和张庆丰对找到电台却并不抱有太大希望，因此仍旧沉默着，没有出声。屈队长见了，有些着急地说：“当然，在这个地区活动，困难很多。可是，你们想一想，没有电台，和军分区联系不上，四处瞎跑，不是更危险吗？”最后，晓冰和张庆丰经过反复考虑，决定做两手准备。一方面，连夜派人去找军分区的队伍；另一方面，派出4个侦察员，马上出发，去附近的村子，寻找电台队的队员。

三、牵挂

侦察员出发前，屈队长找到他们，详细地介绍了电台队及队员的各种情况。然后，才目送他们走出村子。夜已深，同志们大都已经入睡。屈队长躺在炕上，难以入眠，心里始终放不下队里的同志和电台，盼望着他们都能平安无恙。忽然，他的耳边传来熟悉的声音。“队长，你睡一会儿吧！”屈队长睁眼一看，果然是机务员贺清池。

“我不困，你去睡吧！”屈队长自进村以来，忙前忙后，想办法找电台，倒忘记了贺清池等三人也在村子里。贺清池没有去睡觉，而是关心地看着屈队长，默默地站着，既不说话，也不回去。二人站在院子里，良久无语，心里都牵挂着同志们和那部电台的命运。

忽然，屋外传来一阵急促而又有力的脚步声，“蹬蹬蹬”地从门前走过去。不一会儿，脚步声又返回来。“这是什么情况?”屈队长和贺清池面面相觑。贺清池为防止意外，从腰间拔出手枪，拉开了保险。这时，脚步声突然在门前停了下来，紧接着，是一阵急促的敲门声：“快开门，谁住在这里！我找我们屈队长!”“好像是娃子的声音！是娃子!”屈队长听到熟悉的声音，眼睛发亮，高兴地对贺清池说。

“电台队住这儿吗?屈队长在这儿吗?”门外的声音又问道。“错不了，是他!”贺清池高兴地收起枪，插回腰间。屈队长朝门外大声喊道：“是娃子吗?”

“啊！队长?是我们呀！快开门!”两个声音一起回答。屈队长听得仔细，另一个声音是张二愣的。屈队长拖着伤腿，兴奋地两步并做一步，走到门口，拔去门闩，拉开门。一看果真是蔡娃子和张二愣，二人笔直地站在门前。屈队长一下子搂住二人，激动地说：“太好了，你们回来了！没受伤吧?让我看看。”

“放心吧队长，日本兵再厉害，也碰不到我们一根毛发!”蔡娃子眉毛一挑，眨着眼睛自豪地说。“马达怎么样?”屈队长急切地问道。“这呢！我背回来了。”张二愣指着地上的手摇马达，对屈队长说。屈队长见了马达，悬着的心放了下来。虽然收发报机还没有音信，可好歹有了马达，问题就解决一半了！屈队长心里说不出的激动，全然忘了伤口还在隐隐作痛。

过了一会儿，屈队长又问道："娃子，二愣，你们是怎么突围的？"蔡娃子首先说道："报告队长，同志们被冲散后，我回头一瞧，只有二愣还跟在后头。我和二愣跑了一段路，遇见了几伙日军赶来，骑着车子追，我们就往麦地里跑；骑兵追来了，我们就往道沟里跑。"张二愣也说："是啊，进了麦地、道沟，他们的车子、马，可就没有咱两条腿好使唤了！"

蔡娃子接过话头，继续说："日军多的地方，我们能躲就躲；日军少的地方，我们看准了，拔腿就跑。"张二愣还说："有两次，我们碰见几个战士，他们知道娃子背的是马达。遇见日军就主动放枪，吸引日军，掩护我们。我们的战士多好啊！"蔡娃子接着说："快接近正午的时候，我们看四周没有一个日军的影子，就心想，是不是已经突围成功了？当时，我跑得累了，忽然口渴得不行，嘴里直吐白沫，嗓子也冒烟了。我们就在一个小土岗边上坐下来，喘了口气，拔了两把青草，想嚼嚼解渴。忽然，从我们右后方的土窑处，钻出来三个日军士兵，叽里呱啦地叫着，气势汹汹地冲了过来，想活捉我们！当时，二愣背起马达就跑，我趴在土岗下，放枪掩护。等日军离我几步时，我扔了两个手榴弹，正好命中他们，那三个家伙惨叫几声，都不动了。"

"真有你们的！你们没把四五十斤重的马达扔掉，还消灭了日军，真不简单！"贺清池津津有味地听完，不住地称赞道。

“我们摇机班做过保证：人在电台在！丢了脑袋，也扔不得马达！”蔡娃子郑重地说。这时，屈队长猛然想起指导员赵宪彬和报务主任庞树楷来，急忙问：“赵指导员和庞树楷呢？你们看见了没有？”蔡娃子听了，不由得低下头，脸上露出十分难过的神情。停了好一会儿，他才低缓地说：“队长，和你分开不久，接连飞来两颗炮弹。庞主任被炸中了头部，倒在地上，两眼紧闭。我们去搀扶，他睁眼只说了一句：‘一定要……背出马达！’赵指导员也受了重伤，我们去扶他，他却一个劲催我们快走，最后也是那句话：‘一定要保住马达！’”

霎时间，大家都陷入了沉寂。

四、等待

屈队长摘掉帽子，笔直地站好，低下头沉痛地说：“同志们，这架马达，是我们的地下工作同志，冒着生命危险从敌占区弄来的。为了它，现在又添了赵宪彬、庞树楷同志的鲜血。我们一定要找回收发报机，使它们合在一起，成为一部完整的电台，继续为革命工作。这样，才对得起牺牲的同志。”

第二天，东方刚蒙蒙亮，日军又出动部队发起攻击。远处不时传来划破天际的枪声，作战股长晓冰带着战士们，早已在村外的阵地做好战斗准备，并派出侦察员，监视敌人的行动。屈队长则带着电台队的同志，轮番在村边守望，等候侦察员把其余的电台队队员和收发报机找回来。

八路军缴获的日军电台

然而，等到烈日当空时，大家仍旧不见侦察员的踪影。屈队长无奈地低着头，来回踱步。找不到电台，下一步该怎么办？他心里也没有数。正在他忧愁的时候，忽然有人大喊："侦察员！侦察员回来了！"

屈队长忙抬头向远处望去，果然有个人影。那人迅速地在麦地里穿行，身上还背着个箱子。大家忙奔上前去迎接，帮他卸下沉重的箱子，只见侦察员累得满头大汗，说："队长，这是从瓦店村的麦地里找到的！我猜应该是我们的东西，就背回来了。"大家看箱子外形，心里的欣喜马上减了一半，原来这只是一个装电台零件的箱子。

"这也有用！等电台齐了，还可以换零件呢！"贺清池说。虽然没有找到电台队队员和收发报机，但毕竟这个零件箱也给大家带来了一线希望。大家盼望着，其他队员和收发报机，也正在回来的路上。可是，到了下午，又陆续回来了两个侦察员，背上都空无一物。

天黑了，晚霞布满了远方的天空，一片炫彩。然而，大家没有欣赏美景的心情，反而因为被晚霞挡住了视野而失落，只好回到屋内，坐着等最后一个侦察员回来。这也是他们最后的希望。天气酷热，屋里像蒸笼一般，但是没有一个人在意这些。大家都在等待着，等待着……

五、电台

突然，机要股长张庆丰“蹬蹬”地跑进院子，跨过大门就大喊：“老屈，好消息！好消息”“什么，找到了？”屈队长站了起来。到了门口，只见张庆丰背后跟着一个庄稼大汉，头上裹着羊肚毛巾，身穿土褐色褂子，右手还提着一支三八大盖枪。屈队长的目光迅速被大汉背着的木箱吸引，不禁心里猛跳：这是装收发报机的箱子！机器在不在里面？

贺清池也注意到了木箱，便几步走上去，双手托住箱子，帮那大汉卸了下来。大家都蹲下来，满怀欣喜地掀开箱盖，不由自主都绽放出灿烂的笑容：“错不了！正是我们的收发报机！”贺清池一手像搂住孩子一般搂住机器，一手轻轻地摸着旋钮、电表、开关，突然脸上不住地淌下眼泪，一滴接着一滴，都落在了机器上面。是啊！两年前，他苦心钻研，费了多少心血，熬了多少个困倦的夜晚，不知拼拆了多少回，才把数不清的电线和长短、大小不一的零件，装配成了这架机器。它是部队的“耳目”，更像是贺清池的孩子。父母见到走失多日的孩子会放声大哭，贺清池见到失而复得的机器，怎能不高兴地流泪呢！

八路军战士正在检查无线电通信设备

屈队长站了起来，紧紧握住大汉的手说：“同志，谢谢你！谢谢你！”一旁的张庆丰笑眯眯地说：“我来介绍一下，这是泥洞村的干部刘二柱同志。”屈队长不住地点头，再次握住刘二柱同志的手，不知用什么话感谢才好。刘二柱同志憨厚地笑着说：“我们都是一家人嘛，有什么谢的！你们还不是为了咱们打鬼子……对了，光高兴了，差点忘了件事。”说完，刘二柱从衣兜里掏出一封折成三角形的信，递给屈队长。

屈队长接过信，凑到灯光下仔细看，原来是分队长关福才的笔迹，上面写道："队长：小高牺牲了，我的腿骨也被打断了，收发报机还算完整，现托刘二柱同志捎去，我相信定能送到你们手里。"屈队长看完信，两眼瞬间模糊了。

刘二柱见了，低声说："昨天上午，打得真是厉害，直到太阳下山的时候，日军才撤走。我们集合了村里的人，分头去找咱们的伤员和设备。我走到西南洼，就碰见关福才同志，他盘问了我一会儿，知道我是村干部，就叫我扶他走到一片草丛旁边，从地下挖出这个箱子来。他把箱子上的土擦干净，才双手交给我，再三嘱咐说：'这是一部收发报机，部队缺了它，就成了聋子、瞎子，我不能走动，请你赶快想办法，送到部队的同志手里。'我说：'这事交给我老刘，豁出脑袋也要办好，你放心。'随后，他指着西南方向的一个土岗子说：'为了背出这部电台，那儿有个同志牺牲了，他叫小高，被炮弹打伤后，流血过多牺牲的。请你们在他坟上插块牌子，写上他的名字，让大家都记着他。'我提起这机器，把关同志背到村里安置好，就四处找你们。我连夜跑了几个村子，都没找到你们。今天白天，日军又出来了，我们把机器东藏西埋，总觉不保险，后来把它吊在了村外的井里，到傍黑才拿上来。刚想去找你们，正巧碰上侦察员同志，就随着他来了。机器交到你们手里，我的任务完成了，总算是放心了。"

屈队长边听边流泪，禁不住再次握住刘二柱的手，连说了几声"谢谢"。贺清池把收发报机检查了一遍，又擦拭、修理和试验了一番，仔细地接通了马达的线路。蔡娃子捏紧马达摇把，“呜呜呜”地飞快摇动起来。很快，收发报机的仪表便动了起来。

屈队长戴上耳机，旋转着度盘，开始收听信号。恰在这时，第二十三团团部的电台，正和军分区的电台互相询问。屈队长仿佛久旱见甘霖，便迫不及待地向军分区电台报告。大家见屈队长发报的手法，大致便猜测到事情的进展，心里的一块石头总算落下了。

就这样，屈队长将度盘停停歇歇地转了一圈，对军分区和各部队的电台连续呼叫了 3 分钟，向大家报告自己部队情况。

一群迷途的战士们，很快便要回到大部队的怀抱了。

资料来源：

《星火燎原》编辑部编：《星火燎原》（丛书之十），解放军出版社 1989 年版。

黄克诚从严执行军法

1940年春，黄克诚任八路军第二纵队政治委员，率部南下豫皖苏和皖东北地区。10月初，他驰援黄桥作战，后进入淮海盐阜地区，与新四军北上部队会师，创建苏北抗日根据地。1941年起，黄克诚任新四军第三师师长兼政治委员、苏

向黄桥挺进的新四军部队

北军区司令员兼政治委员和苏北区党委书记，领导苏北地区军民与日、伪军和国民党顽固派军队进行斗争，发展壮大部队，解放了苏北大片地区。

1942 年 5 月，抗日战争进入相持阶段，黄克诚率领师部在江苏盐城一带开展精兵简政，整顿队伍。由于黄克诚多年在苏北地区领导抗日战争，沉重地打击了日伪军，使敌人闻风丧胆。同时，他也受到了苏北地区群众的广泛拥戴，群众每每提起黄克诚，都不由自主地竖起大拇指，称赞他的抗日壮举，夸他给中国人争了气。

黄桥战斗旧址

一、抓住窃密的逃兵

黄克诚能够被敌人忌惮，能够得到老百姓的拥护，除了创造性地执行上级命令，作战勇猛、坚决抗日之外，还在于他治军有方，对待战士既像严父一样严格要求，又像慈母一样关怀爱护。黄克诚治军的严格，从他正确处理身边警卫员叛逃事件当中，便可得到集中的体现。

1942年一个夏日的清晨，新四军第三师师部警卫排的排长突然报告：前一天师首长黄克诚的两个警卫员全副武装，外出给首长遛马，一直到第二天吃早饭还没回来。紧接着，黄克诚来到办公室，发现一个更震惊的事情：机要文件柜子里有一份重要的机要文件丢失了。

在艰苦的抗日战争中，部队生活清苦、作战危险，再加上日军、伪军、国民党军的暗中破坏，使得新四军部队里不时出现外逃的现象。然而，这一次当逃兵的，不仅是师首长黄克诚的警卫员，而且还偷走了十分重要的机密文件。事情非同小可，黄克诚立即通过师部下达命令，公布逃兵的相貌特征，要求沿线路口的民兵和群众全部动员起来，配合新四军严格盘查，追捕两个逃兵。

很快，师部的命令有了效果。下达命令才几个小时后，新四军的骑兵连便在离盐城县城的敌据点仅仅八里地的一家小饭馆中，抓住了两个逃兵，缴获了失窃的机密文件。

二、查明案情

逃兵被抓捕后，立即送到师部进行审问。经过审问，事情的来龙去脉便清楚起来。原来，其中一个警卫员在前两天帮助黄克诚整理房间时，违规偷看了上级传达的一份机密文件，得知盐城的日伪军某团近日要袭击三师师部。文件中命令师部提前行动，挫败日伪军的偷袭计划，设伏消灭该团。不巧的是，该团的伪团长，正是这个警卫员失散多年的堂兄。

警卫员看过文件后，将党组织的多年培养和战友间的情谊抛到九霄云外，顿时生起叛逃之心。他担心一个人叛逃难度大，容易被人发现，便撺掇他的同伙，即警卫排的另一个警卫员一起叛逃。为了拉拢同伙，他一面吹嘘自己的堂兄位高权重，一面对这个警卫员封官许愿，引诱他一同出逃。

于是，两个警卫员偷走文件，借为首长遛马为名，骑上黄克诚的马，沿途骗过岗哨，逃离部队，踏上了背叛革命的道路，当了可耻的叛徒。

三、刑场上的求饶

黄克诚听完审讯人员的汇报，怒目圆睁，两眼喷火，气得把手里的茶杯狠狠地砸到地上，口中大骂道：“败类！败类！”随后，他同其他师领导连夜开会。大家根据党纪以及新四军军规，决定同意军法处作出的枪毙叛徒的判决。

几天后的一个下午，寒风凛冽，师部所有成员集中到师部门口的操场集合。黄克诚走上临时讲台，向大家讲述案件的整个过程。随后，他作了诚恳的自我批评，说自己平时对身边工作人员管理不严，关键时刻疏于防范。接着，他郑重地宣读了

苏北根据地的新四军骑兵部队

军法处的判决书，根据有关规定，判处两个叛徒枪决，立即执行。黄克诚一边用沙哑的嗓音宣读判决，一边用布满血丝的双眼望向大家。一夜之间，他似乎老了许多。

黄克诚刚念完判决，其中一个叛变分子突然挣扎起来，大喊一声：“黄师长，我跟了您多年哪！求您饶我们一命吧！”顿时，全部在场的人都愣住了，操场上一丝声音都没有。大家都知道，这个叛逃者是跟随黄师长多年的老警卫员，只因经受不住“同伙”的撺掇而背叛革命。大家都挺直了身体，注视着黄克诚。

黄克诚听了老警卫员的哀号，似乎是想起多年来一同经过的风风雨雨，他的脸上一阵抽搐，半晌没有说话。突然，他猛地把头一扭，把拳头砸向桌子，语音低沉，不容辩解地命令道："执行！"他的眼里满含着泪水，眼神却是无比的坚毅。

听到黄克诚果决的命令，在场的所有人都对他的秉公执法感到敬佩。老警卫员听了，则瘫坐在地上，目光呆滞，再也说不出任何话。很快，伴随着两声枪响，两名叛徒被执行了枪决。

资料来源：

崔建国编：《历史风云纪实》（1921—1976），武汉出版社 1993 年版。

突围的“商贩”

抗日战争胜利后，中原解放区成了蒋介石向华东、华北乃至东北发兵的重要屏障，具有十分重要的战略地位。1946 年 6

中原军区司令部旧址

月，蒋介石撕毁国共双方于1月间达成的《停战协定》，令郑州“绥靖”公署主任刘峙指挥10个整编师，约30余万人的兵力，首先对中原军区部队发起大规模进攻，致使全面内战爆发。被包围的6万中国共产党的军队，面临着摆脱30余万国民党军包围的艰巨任务。

突围战役之前，为了减轻主力部队的压力，保存革命有生力量，中原解放区组织闲散在根据地的大批县团级以上干部集中起来，采取疏散和转送的办法突围。时任新四军第五师河南分区教导团政治处主任的汪群，经请示中原局组织部领导同意后，报名参加化装成商贩突围的行动。报名第二天，他把组织上要求填写的“干部履历表”送至组织部，随后便参加了一个化装为商贩的四人突围小组。

一、做好准备，踏上征途

1946年6月上旬的一天，在组织部同志的带领下，四人小组怀着复杂的心情离开了湖北大悟县宣化店，到达豫东南地委。

第二天早上，地委负责同志与他们见了面，把突围的准备工作和具体要求详细做了部署。地委负责同志说：“你们这次出击，带的是湖北黄安县国民党一个联保办公处的通行证，你们这些人中，只有汪群同志是黄安人。因此，凡应付国民党方面的任何检查，都尽量由汪群同志用当地口音回答。如果不幸被捕，你们的口供已经编好，要很好地熟悉并记牢。万一出了问题，我们也好设法营救你们。此外，要彻底清除一切违禁品。军衣、军被要统统换成老百姓的，袜子、牙刷也不能要，农民出身的商贩没这些玩意。还有，手掌要磨出老茧来，头发要剃光，皮肤要晒黑。一句话，要彻底恢复到穷苦农民的穿着和生活习惯。”

做到上述各项要求，不是一件容易的事。为了化装成功，汪群等人开始在豫东南地委所驻的村庄帮助老百姓做各种农活，经过半个多月的劳动，大家的皮肤晒黑了，手脚和肩膀上的老茧也加厚了，就连当地老农也分不出他们是扛枪的还是种田的。

就这样，经过精心准备，6月上旬的一天，四人小组连同带路的交通员，装扮成收购猪和鸡的商贩，从中原军区豫东南地委出发，踏上了化装突围的征途。

二、巧妙躲过盘查

四人小组的第一站是河南罗山县，随后，他们又奔阜阳城，再沿阜阳的东北方向去棉花庙。在去棉花庙的路上，这批“商贩”中比较瘦的一位同志脚肿得很厉害，起初尚能坚持，后来就实在走不了路了。大家商量了一会儿，决定雇一辆马车。

雇完马车后又走了一个小时，突然从路边冲出两个敌军，他们歪戴着军帽，各背着一条美式卡宾枪，拦住马车就上来了。他们一上车，就挤在“商贩”中间闭着眼休息，不一会儿便打起呼噜。第二天清早，“商贩”们撇下敌军士兵，继续赶路，经过两天的行程，来到安徽涡阳县城。

涡阳县城虽然人口不多，但国民党的驻军不少。“商贩”们在县城南关挑了个偏僻不显眼的小客店住了下来。天黑不久，忽然客店的大门“啪啪”作响。店掌柜连忙开门，紧接着便是几个人进门的沉重脚步声。其中一个人大声吼叫：“所有人都出来，查户口！”

“商贩”们听了，只好随人群紧张而又迅速地走了出来。来人是三个国民党地方保安队的队员，其中为首的那个大声问“商贩”：“你们是哪里来的？”汪群马上回答说：“从湖北黄安来。做点小生意，收鸡买猪，养家糊口。”说完，又递上了通行证。看过通行证，保安员就走了。

过了几个小时，到了凌晨时分，客店的木板门又“啪啪”地响了。这次来的人数较多，约有一个班。为首的戴着大檐帽和墨镜，年约30多岁，其他士兵则戴着船形帽，从军服的颜色看，可以辨别是国民党的正规军。

为首的军官问汪群：“你是哪里人？到这儿干什么？”汪群从容地回答：“我是湖北黄安来的穷苦人。秧插完了，凑几个人出来做点小生意，混几个油盐钱。”军官看了“商贩”们约半分钟，说：“把手伸给我看看。”原来，这个军官十分老练，想通过手上的老茧辨别身份。幸好汪群等人之前干了许多农活，因此把手伸给他看，并没露出任何破绽。

军官又问："你是黄安人，可知道黄安周围有几座什么山？"汪群便把城东、城东南、城东北的几座山说了一遍。军官接着问："东面、东南面、北面你都说了，你再说说，西面和西南又有什么有名的山？"汪群想了想，说："我们穷庄稼人，一天忙到黑，哪有工夫去问这些事呢。要不是老人讲，刚才说的那几座山，我也不晓得。"

其实，汪群知道黄安西边有两座山，但他想了想，决定不说，以免不符合庄稼人身份，引起敌人的怀疑。这时，敌军官仍不善罢甘休，问道："你知道黄安有个木兰山吗？"

敌军官这么一问，汪群心里倒吃了一惊。他 13 岁参加革

木兰山

命前，确实听奶奶说过木兰山。但他又想起，木兰山并不一定在黄安境内。于是他便回答：“好像听说有座木兰山。”

“难道你就不知道黄安年年有人到木兰山去朝拜神吗？庙里有多少和尚、多少尼姑？”军官不依不饶。汪群顺着他的口气答：“呵呵，以前做细伢时，听大人说过，我自己没去过，他们也没有说过庙里有多少和尚、尼姑的话。”

这时，敌军官才终于相信了汪群的话，甚至要汪群回去时带一封信给黄安县邮局某局长。汪群连忙答应，大家也如释重负，终于闯过了一关。

三、圆满完成任务

敌军终于走了，天也慢慢亮起来。吃过早饭，“商贩”们就往涡河赶去，准备渡河。他们躲过敌人的巡逻艇，渡过涡河，来到了豫皖苏新四军第四师的活动区域。这时，交通员没有过河，返回了豫东南地委。

上岸后，“商贩”们的心里并不轻松。此处属于敌我势力交汇处，敌我双方也不易辨明。当天下午 4 时左右，他们正走在路上，忽然，树下冲出两个手持铁矛的儿童团小战士。

汪群拿出路证给小战士看，小战士不认得，便把“商贩”们交给了村里两个背钢枪、身着便服的大人。两个背枪的大人，又把“商贩”们带到村里一个房子的门口，对四位穿灰军装的人大声呼喊：“报告张政委，把四个可疑的人带来了。”

汪群听了，内心一惊："政委这个职务也只有我军才有。难道是自己人吗？是不是敌人的诡计呢？"很快张政委就出来了。他年近四十，穿一套半新的灰军服，头戴军帽，没有帽徽，腰里别着手枪。

"商贩"们随张政委在屋里坐下。张政委看过"商贩"们的通行证，又问了他们从哪里来的，走了多少天，在路上的情况等问题。

随后，张政委将"商贩"们带进里屋。进屋后，他对汪群说："你们假若是新四军五师来的，就请把手伸过来。"听了这话，汪群似乎有点站立不住了。他大步上前，把政委的手紧紧握住，嘴里喃喃地说："亲爱的同志，可把你们找到了！"

张政委一边祝贺汪群等人化装突围的胜利，一边说："我们地处边沿，斗争形势复杂，内部也不很纯洁，请你们再克制几天。同志们辛苦了，你们在短短的近 20 天的日子里，穿插鄂豫皖走了这么远的路程，而且沿途又是蒋的嫡系汤恩伯部的设防区，实在不容易。我们涡河沿线党组织早就接到上级指示，要加强巡查边境。我们的任务，就是接待你们，并把你们送往下一站，保证每天有人接送。一直到目的地为止。"

就这样，汪群等人在第二天告别了张政委，往西北方向晋冀鲁豫解放区赶去，沿途都由当地党组织派人护送。最后，终于到达突围终点河北省武安县所辖的冶陶镇——中共晋冀鲁豫中央分局。汪群等人找到中央分局组织部，经自我介绍并说明突围经过，当即住进中央分局执行所休息待命。他们的党组织关系，也随即恢复。

此次惊险的化装突围，使他们更加认识到：在复杂尖锐的敌我斗争环境中，必须坚持党的纪律，充分做好各项准备工作，才能取得斗争的胜利。

资料来源：

中国人民政治协商会议湖北省武汉市委员会文史资料研究委员会编：《武汉文史资料选辑》（第八辑）（内部发行），1982 年 4 月。

生活纪律

开除害群之马高国忠

杨靖宇

1932年11月，杨靖宇受党组织委派，来到南满，整顿各县党组织、抗日游击队和义勇队，组建中国工农红军第三十二军南满游击队，创建游击根据地。1933年秋，根据中共中央关于在东北建立党领导下的民族抗日统一战线的指示，东北人民革命军第一军独立师成立，杨靖宇任师长兼政委。1934年2月，东北人民革命军第一军独立师联合南满16个抗日武装部队召开大会，成立东北抗日联合军总指挥部，杨靖宇当选总指挥。他运用机动灵活的战术原则，领导部队挫败敌人的秋季“讨伐”，迅速扩大游击区，被中共中央称赞为“冰天雪地里与敌周旋7年多的不怕困苦艰难奋斗之模范”。

一、制定严格的纪律

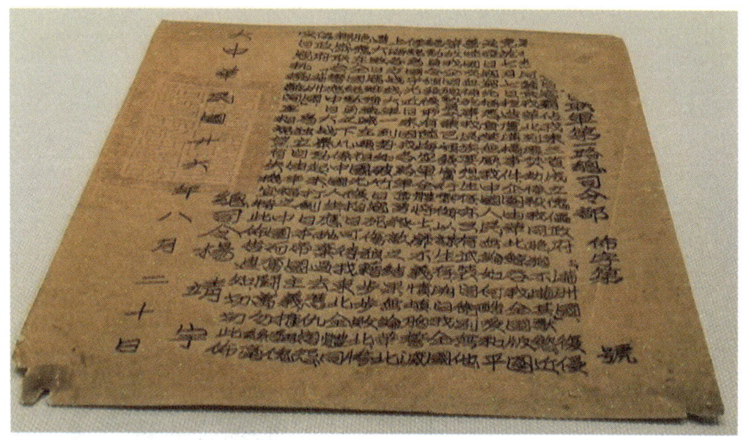

杨靖宇签发的布告

杨靖宇不仅擅长带兵打仗，还十分重视部队的纪律建设。为了使部队建设有章可循，他主持制定了东北抗联第一部简明军法——《东北人民革命军独立师暂行规则》。全文共20条，内容简明扼要，奖惩兼备，可操作性强。主要内容是：

> 1. 临阵脱逃者枪决。2. 拖枪逃跑者枪决。3. 强奸妇女者枪决。4. 勾结敌人，破坏组织一切反革命阴谋者枪决。5. 造谣扰乱军心、泄露军事秘密者枪决。6. 偷子弹

与军需品者按情形开除与枪决。7. 烧杀人民者枪决。8. 打骂人民者按情形轻重开除或警告。9. 无命令检查人民的财产偷抢者，除将该物还本主外，并按情节轻重留队察看或开除。10. 同志间相互冲突动武装者警告或开除。11. 随意放枪者开除。12. 走火者罚岗五点钟（放枪伤人者按情形处罚）。13. 破坏武装者按情形警告或开除。14. 漏岗者罚岗二点钟到五点钟。15. 秘密行军时吸烟及喧哗者罚岗五点钟或警告。16. 丢子弹与军需品者按情形处罚。17. 随意扰乱者警告或开除。18. 丢文件者罚岗五点钟。19. 对于英勇作战及一切有功之战士分别予以：A. 物品奖励；B. 升级。20. 如果有特别功绩时得给以名誉奖励（勋章）并升级。

对于部队的纪律，杨靖宇不仅注重建章立制，更强调执行，把纪律严明作为人民军队与反动军队的本质区别。他反复强调："我们是红军，是穷人的子弟兵，有铁的纪律，不准打骂群众，不准动群众一针一线，哪怕群众家里挂着猪肉，我们也不吃。红军不同伪满军。"

二、发现高国忠的问题

对违犯纪律而又屡教不改的害群之马，不管其战功多高、资历多老，杨靖宇从来秉公处理、绝不姑息。处理军部参谋长高国忠的案例，便是其中一例。

高国忠早年在南方参加革命，1934 年被中共满洲省委派到第一军独立师，曾任师政治部主任，还曾作为师长候选人被重点培养。后来，在艰苦的斗争环境中，高国忠革命意志逐渐减退，常常借口语言不通、东北饭吃不惯等理由，向组织提出请假离队。

组织考虑高国忠的情况，将其调任后方总指挥，他却变本加厉，公开散布“革命快完蛋了”等消极言论，甚至在临江红土崖与伪军接头，进行交易。他让伪军以 300 发子弹做交换，割下一名被东北抗联部队枪毙的土匪的头颅，以便伪军向日军交差。这件事影响极坏，导致一时间遍传“红军出卖中国人脑袋给日本人”的言论。另外，高国忠的个人私生活也日趋腐化，最后发展到与有夫之妇私通的地步。

高国忠的事情传到杨靖宇的耳中，令一贯注重军人道德风范的杨靖宇十分生气。他决定从高国忠的问题入手，开始军部的纪律整顿。

高国忠当时正在率部打游击，他听到杨靖宇要处理他的风声后，便借机留在山上，考虑到一旦东窗事发，便可拉起队伍加入绿林帮。见此情形，军政治部主任宋铁岩敦促高国忠带队返回，与军部会合。高国忠以各种借口进行拖延。为此，二人发生口角，高国忠坚持留在通化县境内的山区打游击，宋铁岩则要求他必须服从军部统一行动的命令。高国忠说：“将在外，君命有所不受。”宋铁岩则严肃地指出：“军队要绝对置于党的领导之下。”

三、开除高国忠

在宋铁岩的坚持下，高国忠无奈，率部进入临江县的六道江黑瞎子沟，与军部会合。会合后，杨靖宇连夜找到宋铁岩、高国忠，并拿出巡逻战士截获的高国忠写给其情妇约定私奔的信，问道：“老高啊！革命这多年了，怎么能办出这样不光彩的事情呢？”

宋铁岩

高国忠不以为然，狡辩道：“难道你不想媳妇吗？你不是托副官处长王仁斋到天津，给你家的莲姐递信吗？”

杨靖宇严肃地说：“你说得不准确，是托聂昌林到上海时，把我给家属写的平安家信，找人捎回河南确山老家。那并不违犯军纪啊！‘莲姐’是我的发妻，我是通过她问候母亲和亲人哪！你则不然，身为一军参谋长，与起义伪军赵队长的小妾勾搭成奸，约定私奔，不光是犯了破坏反日统一战线的错误，而且是违犯人民革命军条令的错误。如此败坏军风军纪，在事实面前，你还有什么话可说的呢？你如果发现了特委和军党委的任何高级领导人有违犯党纪军规的，你可以从实揭发出来，给你立功赎罪的机会。限你三天反省时间，写出书面检查来。现在军政治部管军法，你写好了先交给宋铁岩同志。之后，我们再开会研究对你的处分。”

几天后，军部在临江县板石沟附近的西珍珠门岭上，开会批判了高国忠的错误。会上，大家一致指出高国忠的许多问题：在桓仁、兴京、通化打游击时，面对逆境，军事上产生动摇，想把收编的抗日绿林武装重新拉上山当土匪；在军旅生活上，怕艰苦，追求享乐；策反伪军的一个中队后，居功违纪，竟然暗中与起义的赵队长的小妾私通，在反日群众中影响极坏；在杨宝沟战斗后，竟写信约赵队长的小妾私奔，且又违犯军令逾期不归。会上，大家列举了高国忠 10 条错误，决定撤销他的参谋长职务，给予开除党籍军籍的处分。

高国忠被开除党籍军籍后，准备回原籍谋生。杨靖宇念及旧日战友之情，给高国忠送行，并友善地提醒说：“老高，你有洗心革面回头之日，要重返革命队伍，党会欢迎你的。而今，为你旅途安全起见，给你一支手枪，带些子弹，一路上好自为之吧。”

杨靖宇之所以对高国忠如此“礼遇有加”，除了念及多年的战友情谊，更是为了团结更多的力量抗日。在杨靖宇的感召下，高国忠虽然被清除出了革命队伍，但却没有丧失民族气节，没有泯灭中国军人的血性。后来他上山当了土匪，专劫日

东北抗日联军使用过的武器

本人和伪军的钱物和武器。再后来，高国忠死在了日本人的枪下。杨靖宇得知此事后，意味深长地说："既是气血之躯，早晚必有一死。何不效命沙场，为民族解放去死，死也光荣！"并借此教育部下。

资料来源：

1. 赵俊清著：《杨靖宇传》，黑龙江人民出版社 2015 年版。

2. 卓昕编著：《杨靖宇全传》，吉林文史出版社 2005 年版。

处死逼婚杀人的黄克功

1937年10月，正当八路军夺取抗战以来的首次胜利——平型关大捷，所属各部队正准备迅速向敌后进发，全国的抗日战争进入高潮之际，在延安发生了一件震动全国的案件——八路军将领黄克功逼婚杀人案。

一、黄克功案的经过

黄克功，1911年出生于江西南康，1927年参加革命，1929年加入中国工农红军，1930年入党。他参加过井冈山斗争和二万五千里长征，负过重伤，在二渡赤水的娄山关战役中立过大功，历任红军班长、排长、连长、营政治教导员、师政治部宣传科长、团政委。延安时期，年仅26岁的黄克功已是身经百战的红军旅长。红军到达陕北后，黄克功进入延安抗日军政大学（简称“抗大”）学习，随后留校任职，先后任抗大第十五队、第六队队长。年轻的黄克功战功突出，因此，“他自恃年轻有为，立过战功，比较骄横”。

黄克功案的受害者刘茜，原名董秋月，当时仅仅 16 岁。她出生于山西定襄，因“愤暴日侵凌，感国难严重”，积极响应共产党的抗日号召，在党组织的护送下，冒险通过敌人的封锁线，到达延安，进入抗大第十五队学习。

刘茜在抗大第十五队学习时，与时任第十五队队长的黄克功相识。刘茜崇拜黄克功这位曾参加过长征的红军干部，对他产生了好感，黄克功也喜欢年轻漂亮的知识青年刘茜。两人很快将恋爱公开化了。

然而，相处了一段时间后，由于陕北公学成立，刘茜随抗大第十五队拨归陕北公学，黄克功则继续留在抗大，两人聚少

陕北公学旧址

离多，关系渐渐疏远起来。再加上两人在生活习惯、业余爱好、婚姻态度等方面存在不少差异。刘茜是城市里长大的能歌善舞的女学生，渴望丰富多彩的情感生活，嫌弃黄克功古板、单调。由于工作及性格的原因，她与其他男性有较多的接触，这使黄克功心怀不满，以致开始猜疑刘茜，认为其另有所爱，对自己不忠，他责备刘茜并要求立即结婚。

刘茜因此愈发反感黄克功，表示拒绝结婚。黄克功遂认为“失恋是人生莫大的耻辱”，并萌发杀害刘茜的动机。1937 年 10 月 5 日晚饭后，黄克功将心爱的勃朗宁手枪装进口袋，然后到陕北公学找到刘茜，约她到延河边散步，做最后的“谈判”。

“刘茜，你太不忠贞了，我们明明确立了关系，你怎么又跟别人好上了？”黄克功首先责备刘茜。

刘茜先是沉默，随后缓缓开口：“我觉得我们之间出现了裂痕，感情不和，还是分手好。再说，在未正式办理结婚之前，我有权另找对象。”

“你难道不知道我对你的感情？你这么无情无义！”黄克功生气地说。

刘茜对此不以为然，坚决地说：“我有这样的自由！”

两人的谈话逐渐升级为争吵。黄克功彻底被激怒了，他拔出手枪，威胁说：“你要不和我恢复关系，就别怪我不客气！”

刘茜毫无惧色，说：“你敢？”

“你看我敢不敢!”黄克功恼羞成怒。随后，失去理智的他不由自主地扣动了扳机。随着一声枪响，刘茜倒在血泊之中。

刘茜中枪倒地后，没有立即死亡，而是高声呼救。黄克功见了，对准其头部又加一枪，导致刘茜当场死亡。

二、案件审理经过

第二天，人们在延河岸边一块大石头旁发现了刘茜的尸体。案件很快得以侦破，黄克功被逮捕收审。在铁证面前，他承认刘茜是自己所杀，并毫无保留地从头到尾坦白了自己的杀人罪行。随后，高等军事法院依法把故意杀人嫌疑犯黄克功逮捕收监。

黄克功案发生后，延安各界产生了大致两种意见：一种意见认为，黄克功身为老红军、老共产党员，强迫未达婚龄的女性结婚，已属违法，采取逼婚手段，更违犯边区婚姻自主原则；他不顾国难当头，丧心病狂地杀害革命同志，无异于帮助敌人，实属革命阵营的败类，不仅触犯边区刑律，更破坏红军铁的纪律，应处极刑，以平民愤。另一种意见认为，黄克功少年参加红军，参加过井冈山的斗争，经过二万五千里长征，其间立下过赫赫战功，有过光荣的革命历史，他虽犯了死罪，不过在国难时期，应该珍惜人才，免除其死刑。可以令他上前线去，戴罪杀敌，将功赎罪。

黄克功本人也心存幻想，认为党和边区政府会因为他资格老、功劳大，对他从轻处罚。他写信给毛泽东，除对自己的罪行进行忏悔外，还请求法院念他多年为革命事业奋斗，留他一条生路。

案件侦破的当天，毛泽东也通过抗大副校长罗瑞卿得知了案情，并看到了黄克功写给自己的信。毛泽东愤怒地说："这是什么问题？这样的人不杀，我们还是共产党吗？"毛泽东随即作出重要批示，并给当时任陕甘宁边区高等法院刑庭审判长的雷经天写了一封信，要求其秉公处理黄克功案。信的内容如下：

罗瑞卿

雷经天同志：

你的及黄克功的信均收阅。黄克功过去斗争历史是光荣的，今天处以极刑，我及党中央的同志都是为之惋惜的。但他犯了不容赦免的大罪，以一个共产党员、红军干部，而有如此卑鄙的，残忍的，失掉党的立场的，失掉革命立场的，失掉人的立场的行为，如为赦免，便无以教育党，无以教育红军，无以教育革命者，并无以教育做一个普通的人，因此中央与军委便不得不根据他的罪恶行为，根据党与红军的纪律，处他以极刑。正因为黄克功不同于一个普通人，正因为他是一个多年的共产党员，是一个多年的红军，所以不能不这样办。共产党与红军，对于自己的党员与红军成员不能不执行比较一般平民更加严格的纪律。当此国家危急、革命紧张之时，黄克功卑鄙无耻残忍自私至如此程度，他之处死，是他的自己行为决定的。一切共产党员，一切红军指战员，一切革命分子，都要以黄克功为前车之戒。请你在公审会上，当着黄克功及到会群众，除宣布法庭判决外，并宣布我这封信。对刘茜同志之家属，应给以安慰与抚恤。

毛泽东

一九三七年十月十日

信写完后，毛泽东仍不放心。他亲自到抗大表达对这一事件的处理意见，他神色严肃地说："我们正从全国各地吸收大批知识青年来延安学习，黄克功的行为有极大的破坏作用，一定要审判处决，严肃法纪。"在毛泽东看来，尽管黄克功承认犯罪并忏悔，尽管他曾对革命有功，但他不顾抗战大局，目无党的纪律，违犯边区政府法令，丧失理智枪杀革命同志。这样的错误，如果不加以严惩，共产党便无法教育群众，边区政府

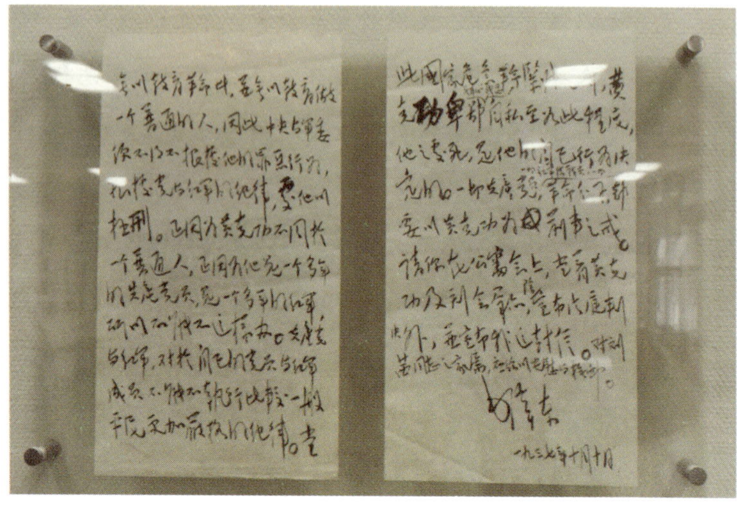

以教育革命者，并无以教育做一个普通的人。因此中央与军委便不得不根据他的罪恶行为，根据党与红军的纪律，处他以极刑。正因为黄克功不同于一个普通人，正因为他是一个多年的共产党员，是一个多年的红军，所以不能不这样办。共产党与红军，对于自己的党员与红军成员不能不执行比较一般平民更加严格的纪律。当此国家危急革命紧张之时，黄克功卑鄙无耻残忍自私至如此程度，他之处死，是他自己的行为决定的。一切共产党员，一切红军指战员，一切革命分子，都要以黄克功为前车之戒。请你在公审会上，当着黄克功及到会群众，除宣布法庭判决外，并宣布我这封信。对刘茜同志之家属，应给以安慰与抚恤。

毛泽东

一九三七年十月十日

毛泽东给雷经天的信件原件

便无法树立威信。

三、判处黄克功死刑

在毛泽东的支持下，边区高等法院组成了以雷经天为审判长的合议庭，于 1937 年 10 月 11 日对黄克功案进行公开审理。抗大政治部胡耀邦、边区保安处黄佐超、高等法院检察官徐时奎为公诉人。

开庭后，起诉人与证人先向大会陈述了黄克功事件的全部细节，各单位及群众代表也发表了对案件的分析和看法。当法官让黄克功个人申诉时，他只坦白交代了他的犯罪经过，并做了简单的检讨。他还申辩说：“她破坏婚约，是污辱革命军人。”

审判长问黄克功：“在哪些战斗中受过伤，挂过彩？”

黄克功于是历数了自己参加过的许多战斗的名字，还敞开衬衣，展示自己从臂部到腿部的一片又一片伤疤。最后，黄克功说：“死刑如果是必须执行的话，我希望我能死在与敌人作战的战场上，如果允许，给我一挺机关枪，由执法队督阵，我要死在同敌人的拼杀中。如果不合刑律，那就按法律处理吧。”

雷经天

休庭片刻，重新开庭后，审判长雷经天庄严地、一字 ·顿地宣布：“处黄克功以死刑，立即执行！”黄克功听到判决后，没有表现出任何反抗、抵触、激动或消沉的情绪，而是心服口服。当他听说中央已安排对他的家人进行安抚时，感动得痛哭流涕。随后，他高呼“中华民族解放万岁”“打倒日本帝国主义”“中国共产党万岁”三句口号，便跟着行刑队走向刑场。

处决黄克功以后，边区群众无不称颂共产党法纪严明，边区政府的威望也大为提高。毛泽东总结此案时说：“这叫作‘否定之否定’。黄克功枪杀了女青年，这是一次‘否定’，给共产党和红军造成了极坏的影响；我们枪决了犯人，‘否定’了他，在群众中又挽回了影响，使群众更拥护我们了。”

资料来源：

1. 黄允升、李新芝主编：《毛泽东逸事》，中央民族大学出版社2003年版。

2. 史全伟编著：《清廉勤俭毛泽东》（上），中央文献出版社2013年版。

3. 刘金田主编：《清廉领袖毛泽东》，江苏人民出版社2013年版。

4. 中国延安干部学院编：《红色延安的故事　清正廉洁篇》，党建读物出版社2016年版。

图书在版编目（CIP）数据

抗战时期的纪律故事/徐嘉编著．—北京：中国方正出版社，2019.6

ISBN 978-7-5174-0703-4

Ⅰ.①抗… Ⅱ.①徐… Ⅲ.①革命故事—作品集—中国—当代 Ⅳ.①I247.81

中国版本图书馆 CIP 数据核字（2019）第 118298 号

抗战时期的纪律故事

KANGZHAN SHIQI DE JILÜ GUSHI

徐 嘉 **编著**

责任编辑：王旭婷
责任印制：李 华
责任校对：李兴格

出版发行：中国方正出版社
（北京市西城区广安门南街甲 2 号 邮编：100053）
发行部：（010）66560933 门市部：（010）66562755
编辑部：（010）59594956 出版部：（010）59594625
网址：www.lianzheng.com.cn
经　　销：新华书店
印　　刷：保定市中画美凯印刷有限公司

开　　本：880×1230 毫米 1/32
印　　张：8.5
字　　数：161 千字
版　　次：2019 年 7 月第 1 版 2019 年 7 月北京第 1 次印刷

ISBN 978-7-5174-0703-4 定价：26.00 元